AF177091

Als Johann Christoph Blumhardt im Februar 1880 auf dem Sterbebette lag, sprach ihm sein Sohn Christoph Zuversicht und Hoffnung zu. Er tat es mit den Worten: „Es wird gesiegt" – nach anderer Überlieferung lautete der Satz vielleicht auch so: „Es wird regiert."…

Es ist ein merkwürdiges Zusammentreffen, dass dieser selbe Satz auch der letzte ist, der aus dem Munde Karl Barths bekannt ist.

Am späten Abend vor der Nacht, in der er friedlich im Schlaf verstarb – es war die Nacht auf den 10. Dezember 1968 -, arbeitete er noch an seinem Schreibtisch. Da erhielt er einen Telefonanruf. Es meldete sich Eduard Thurneysen, mit dem ihn eine über sechzigjährige Freundschaft verband.

Sie unterhielten sich über die Weltlage mit ihren beängstigenden Gefahren und Nöten. Barth schloss endlich die Unterhaltung ab und munterte den Freund im Blick auf die besprochene Sorge auf: „Nur ja die Ohren nicht hängenlassen! Denn – ‚es wird regiert!'"

(Eberhard Busch, Glaubensheiterkeit: Karl Barth, Erfahrungen und Begegnungen, Neukirchen-Vluyn 1987, 95f.)

Michael Mainka

„Es wird regiert!"

Das Buch Daniel in Zeiten wie diesen

www.tredition.de

© 2019 Michael Mainka
Umschlag, Illustration: Vorlage tredition
Lektorat, Korrektorat: Reinhild Mainka, Elke Schlude

Verlag & Druck: tredition GmbH, Halenreie 40-44, 22359 Hamburg

ISBN
Paperback   978-3-7497-8730-2
Hardcover   978-3-7497-8731-9
e-Book   978-3-7497-8732-6

Die Bibelzitate sind – falls nicht anders vermerkt – der Bibelübersetzung nach Martin Luther (revidierte Fassung 2017, Deutsche Bibelgesellschaft) entnommen.

Bibliografische Information der Deutschen Nationalbibliothek:

Die Deutsche Nationalbibliothek verzeichnet diese Publikation in der Deutschen Nationalbibliografie; detaillierte bibliografische Daten sind im Internet über http://dnb.d-nb.de abrufbar.

Inhaltsverzeichnis

Vorwort

In seiner „Vorrede über den Propheten Daniel" betont Martin Luther die besondere Bedeutung dieses biblischen Buches und erklärt:

> „Diesen Daniel befehlen wir nun zu lesen allen frommen Christen, welchen er zu dieser elenden letzten Zeit tröstlich und nützlich ist …Denn solche Weissagung Daniels und dergleichen sind nicht allein darum geschrieben, dass man die Geschichte und die künftigen Trübsale wissen … solle, sondern dass sich die Frommen damit trösten und fröhlich machen und ihren Glauben und Hoffnung in der Geduld stärken sollen …, dass ihr Jammer ein Ende haben und sie von Sünden, Tod, Teufel und allem Übel (…) ledig, in den Himmel zu Christo, in sein seliges ewiges Reich kommen sollen …
>
> Darum sehen wir auch hier, dass Daniel alle Gesichte und Träume, wie gräulich sie sind, immerdar mit Freuden endet, nämlich mit Christi Reich und Zukunft, um welches Zukunft willen … solche Gesichte und Träume gebildet, gedeutet und geschrieben sind. Wer sie nun auch will nützlich lesen, der soll an der Historie oder Geschichte nicht hangen oder haften und da bleiben; sondern sein Herz weiden und trösten in der verheißenen und gewissen Zukunft unseres Heilandes Jesu Christi als in der seligen und fröhlichen Erlösung von diesem Jammertale und Elende."[1]

Trotz dieser „Werbung" aus berufenem Mund ist das Buch Daniel vielen Christen weitgehend unbekannt – abgesehen vielleicht von der Geschichte über „Daniel in der Löwengrube", die sich wunderbar für Kindergottesdienste eignet.

Der Hauptgrund dafür ist vermutlich, dass die Bibelwissenschaft seit der Aufklärung überwiegend der Auffassung ist, das Buch Daniel sei im 2. Jahrhundert v. Chr. niedergeschrieben worden und richte sich an Juden in den Wirren der Makkabäerkriege. Dadurch ist der Eindruck entstanden, dass sich dieses Buch eigentlich erledigt habe. Und deshalb wird über die meisten Kapitel dieses Buches kaum mehr gepredigt.

---

[1] WA 11.2, 129f.

Wo das doch geschieht, sind umgekehrt nicht selten Predigten zu hören, die an Verschwörungstheorien erinnern. Warum? Die Verkündiger gehen nicht nur davon aus, dass das Buch Daniel die wichtigsten Epochen der Weltgeschichte vom babylonischen Weltreich bis zur Wiederkunft Christi skizziert, sondern sind darüber hinaus der Meinung, dass in unseren Tagen die finalen Auseinandersetzungen stattfinden und sie durch die richtige Deutung des Buches Daniel erkennen können, welche Akteure dabei hinter den Kulissen die Strippen ziehen.

Der Theologe Rolf Pöhler, langjähriger Dozent für Systematische Theologie an der Theologischen Hochschule, deren Träger die Freikirche der Siebenten-Tags-Adventisten ist, hat auf einem Symposium von Vertretern der Vereinigung Evangelischer Freikirchen und dem Johann-Adam-Möhler-Institut für Ökumenik darauf hingewiesen, dass hier „die Visionen ohne vorherige exegetische und theologische Analyse assoziativ auf geschichtliche Situationen und aktuelle Zeitereignisse angewandt und diese als angebliche Erfüllung der Weissagungen verstanden werden"[1].

Auch wenn eine solche Auslegung höchst problematisch ist, hat sie doch eine entscheidende Gemeinsamkeit mit dem Vorgehen der modernen Bibelwissenschaft: In beiden Fällen steht die Frage im Mittelpunkt, welche Ereignisse und Mächte im Buch Daniel gemeint sind. Das aber greift zu kurz – wie bereits Martin Luther erkannt hat. Wer das Buch Daniel „nun auch will nützlich lesen, der soll an der Historie oder Geschichte nicht hangen oder haften und da bleiben; sondern sein Herz weiden und trösten in der verheißenen und gewissen Zukunft unseres Heilandes Jesu Christi als in der seligen und fröhlichen Erlösung von diesem Jammertale und Elende".

So wichtig die Frage ist, auf welche geschichtlichen Ereignisse sich die Schilderungen des Buches Daniel beziehen, so entscheidend ist die Frage, was das Buch Daniel zu diesen Ereignissen zu sagen hat. Das Buch Daniel ist kein Geschichtsbuch – auch nicht in dem Sinne, dass es zukünftige Geschichte erzählt. Es geht um eine Kommentierung und Deutung geschichtlicher Ereignisse aus „himmlischer Perspektive".

---

[1] Rolf Pöhler, Die Heilige Schrift in Gottesdienst, Bekenntnis und Auslegungspraxis der Siebenten-Tags-Adventisten, in: Walter Klaiber/WolfgangThönissen (Hg.), Die Bibel im Leben der Kirche, Paderborn 2007, 178f.

Deshalb hat Rolf Pöhler folgende Schritte der Auslegung vorgeschlagen:
„Daraus ergibt sich für die Auslegung apokalyptischer Texte ein methodisches Vorgehen in drei Schritten: Zunächst sind die Texte wie alle biblischen Bücher in ihrem historischen und literarischen Kontext zu analysieren (historische Exegese). Anschließend ist nach ihrem bleibenden Aussagegehalt der zeitübergreifenden Botschaft zu fragen (theologische Interpretation). Schließlich kann nach historischen Entsprechungen und situativen Anwendungen Ausschau gehalten werden, in denen sich die apokalyptischen Bilder widerspiegeln (konkrete Applikation)."[1]

Mein Buch basiert auf Predigten, die ich ab Frühjahr 2018 gehalten habe. In ihnen habe ich versucht, die theologische Absicht („theologische Interpretation") des Buches Daniels zu entfalten und für unsere heutige Lebenswelt fruchtbar zu machen („konkrete Applikation"). Die Predigten haben jeweils mit der Verlesung des Bibeltextes begonnen (nach der Lutherbibel 2017). Auch bei der Lektüre dieses Buches lade ich dazu ein, zunächst den jeweiligen Textabschnitt zu lesen und ihn wirken zu lassen.

Ich würde mich freuen, wenn dieses Buch allen Lesern, die mit ähnlichen Fragen unterwegs sind, Anregungen gibt, um die Aktualität des Buches Daniel neu zu entdecken.

Erzhausen, im November 2019
Michael Mainka

---

[1] Pöhler, a.a.O., 178.

1   Vom Mut, aus der Reihe zu tanzen (Daniel 1)

(1) Im dritten Jahr der Herrschaft Jojakims, des Königs von Juda, zog Nebukadnezar, der König von Babel, vor Jerusalem und belagerte es. (2) Und der Herr gab in seine Hand Jojakim, den König von Juda, und einen Teil der Geräte aus dem Hause Gottes. Die ließ er ins Land Schinar bringen, in den Tempel seines Gottes, und tat die Geräte in die Schatzkammer seines Gottes.

(3) Und der König sprach zu Aschpenas, seinem obersten Kämmerer, er sollte einige von den Israeliten auswählen, und zwar von königlichem Stamm und von edler Herkunft, (4) junge Leute, die keine Gebrechen hätten, sondern schön, einsichtig, weise, klug und verständig wären, also fähig, an des Königs Hof zu dienen; und er sollte sie in Schrift und Sprache der Chaldäer unterrichten lassen. (5) Und der König bestimmte, was man ihnen täglich geben sollte von der königlichen Speise und von dem Wein, den er selbst trank; so sollten sie drei Jahre erzogen werden und danach vor dem König dienen.

(6) Unter ihnen waren von den Judäern Daniel, Hananja, Mischaël und Asarja. (7) Und der oberste Kämmerer gab ihnen andere Namen und nannte Daniel Beltschazar und Hananja Schadrach und Mischaël Meschach und Asarja Abed-Nego.

(8) Aber Daniel nahm sich in seinem Herzen vor, dass er sich mit des Königs Speise und mit dem Wein, den dieser trank, nicht unrein machen wollte, und bat den obersten Kämmerer, dass er sich nicht unrein machen müsste. (9) Und Gott gab Daniel, dass ihm der oberste Kämmerer günstig und gnädig gesinnt wurde. (10) Der sprach zu ihm: Ich fürchte mich vor meinem Herrn, dem König, der euch eure Speise und euern Trank bestimmt hat. Warum soll er sehen, dass eure Gesichter schmächtiger sind als die der andern jungen Leute eures Alters? So brächtet ihr mich bei dem König um mein Leben.

(11) Da sprach Daniel zu dem Aufseher, den der oberste Kämmerer über Daniel, Hananja, Mischaël und Asarja gesetzt hatte: (12) Versuch's doch mit deinen Knechten zehn Tage und lass uns Gemüse zu essen und Wasser zu trinken geben. (13) Und dann lass dir unser Aussehen und das der jungen Leute, die von des Königs Speise essen, zeigen; und danach magst du mit deinen Knechten tun nach dem, was du sehen wirst. (14) Und er hörte auf sie und versuchte es mit ihnen zehn Tage. (15) Und nach den zehn Tagen sahen sie schöner und kräftiger aus als alle jungen Leute, die von des Königs Speise aßen. (16) Da tat der Aufseher die königliche Speise und den Wein weg, die für sie bestimmt waren, und gab ihnen Gemüse. (17) Und diesen vier jungen Leuten gab Gott Verstand und Einsicht für jede Art

von Schrift und Weisheit. Daniel aber verstand sich auf Gesichte und Träume jeder Art.

(18) Und als die Zeit um war, die der König bestimmt hatte, dass sie danach vor ihn gebracht werden sollten, brachte sie der oberste Kämmerer vor Nebukadnezar. (19) Und der König redete mit ihnen, und es wurde unter allen niemand gefunden, der Daniel, Hananja, Mischaël und Asarja gleich war. Und sie wurden des Königs Diener. (20) Und der König fand sie in allen Sachen, die er sie fragte, zehnmal klüger und verständiger als alle Zeichendeuter und Weisen in seinem ganzen Reich. (21) Und Daniel blieb dort bis ins erste Jahr des Königs Kyrus.

Im Exil

Am 28. Februar 1933, einen Tag nach dem Brand des Reichstagsgebäudes in Berlin, flieht der Schriftsteller Bert Brecht mit seiner Familie und einigen Freunden nach Prag. Dann geht es – auf einigen Umwegen – nach Dänemark und später in die USA.

Während seiner Zeit in Dänemark beschäftigt er sich damit, was das eigentlich ist – das Leben im Exil. 1937 schreibt er ein Gedicht mit dem Titel: „Über die Bezeichnung Emigranten".

Immer fand ich den Namen falsch, den man uns gab: Emigranten.
Das heißt doch Auswanderer.
Aber wir wanderten doch nicht aus, nach freiem Entschluss.
Wählend ein anderes Land.
Wanderten wir doch auch nicht ein in ein Land, dort zu bleiben,
womöglich für immer.
Sondern wir flohen.
Vertriebene sind wir, Verbannte.
Und kein Heim,
ein Exil soll das Land sein, das uns aufnahm.
Unruhig sitzen wir so, möglichst nahe den Grenzen
Warten des Tags der Rückkehr,
jede kleinste Veränderung jenseits der Grenze beobachtend,
jeden Ankömmling eifrig befragend,
nichts vergessend und nicht aufgebend.
Und auch verzeihend nichts, was geschah, nichts verzeihend.

Ach, die Stille der Stunde täuscht uns nicht!
Wir hören die Schreie aus ihren Lagern bis hierher.
Sind wir doch selber fast wie Gerüchte von Untaten,
die da entkamen über die Grenzen.
Jeder von uns,
der mit zerissenen Schuhn durch die Menge geht,
zeugt von der Schande, die jetzt unser Land befleckt.
Aber keiner von uns wird hier bleiben.
Das letzte Wort ist noch nicht gesprochen.[1]

Daniel und seine Freunde im Exil. Ein weltgeschichtlicher Umbruch hat sie nach Babylon gespült. Nicht nur sie, auch eine Reihe anderer junger Männer „aus gutem Hause". Sogar ein Teil der Tempelgeräte.

Was nun? Obwohl mit ihren Gedanken oft ganz woanders, sind sie augenblicklich gefordert, sich auf ihr neues Leben in Babylon einzustellen. Sie sollen nicht in irgendeinem Lager ihr Dasein fristen, sondern sich nützlich machen. Sie sollen fit gemacht werden, um dem König zu dienen - zumindest diejenigen von ihnen, die das Potential dafür haben, die *„schön, einsichtig, weise, klug und verständig"* sind.

Was sollen sie lernen? *„Schrift und Sprache der Chaldäer".* Aber sie sollen nicht nur lernen, sich schriftlich und mündlich gut auszudrücken – obwohl es damals wie heute wünschenswert ist, dass Beamte über diese Kompetenzen verfügen. So heißt es dann auch später, dass Gott ihnen *„Verstand und Einsicht für jede Art von Schrift und Weisheit"* gibt (1,17). Auf dem Lehrplan stehen also die Schriften der Chaldäer.

Die Chaldäer, die in Babylon den Ton angeben, sind führend in den Wissenschaften, vor allem in der Astronomie. Dabei geht es ihnen aber nicht nur darum, die Bewegungen der Himmelskörper zu untersuchen. Es geht auch um die Zusammenhänge zwischen Konstellationen der Gestirne und irdischen Vorgängen. Es geht um eine astrologische Astronomie – nicht einfach für das „persönliche Horoskop" am Morgen, sondern als Grundlage für Psychologie, Medizin, Geschichte …

---

[1] Bertolt Brecht, Gesammelte Werke in acht Bänden, Gedichte, Band IV, Frankfurt/M. 1967, 718.

Warum sollen sie das lernen? Damit sie den König beraten können. Der fragt vor allen wichtigen politischen Entscheidungen nach der geeigneten Himmelskonstellation bzw. danach, was bestimmte Himmelserscheinungen zu bedeuten haben. Deshalb müssen sich die Beamten mit dieser Materie auskennen und entsprechend unterrichtet werden.

Für Daniel und seine Freunde ist das etwas ganz neues und etwas ganz anderes. Und vor allem: es passt nicht zu dem Glauben, in dem sie erzogen worden sind. Schon die Idee, dass irdische Vorgänge etwas mit Gestirnkonstellation zu tun haben. Und erst recht die Vorstellung, dass es sich bei den Himmelskörpern gleichzeitig um Götter handelt. Der Bericht lässt jedoch nicht erkennen, dass Daniel und seine Freunde mit diesem Unterrichtsstoff ein Problem haben.

Sie lassen es auch über sich ergehen, dass der „oberste Kämmerer" ihnen neue Namen gibt. „Daniel" („Gott sei mein Richter") wird zu „Beltschazar" („Gott schütze das Leben des Königs"), „Hananja" („Begnadet hat Jahwe") zu „Schadrach" („Nachkommenschaft"), „Mischaël" („Wer ist wie Gott?") zu „Meschach" („Wer gehört Aku?", dem Mondgott), „Asarja" („Unterstützt hat Jahwe") zu „Abed-Nego" („Verehrer des Nabu", dem Gott der Schreibkunst und Weisheit).

Namen sind nicht „Schall und Rauch". Der „oberste Kämmerer" weiß genau, was er da tut. Er gibt ihnen nicht einfach neue Namen; er verleiht ihnen eine andere Identität. Er will seine Schüler voll und ganz in die chaldäische Kultur eingliedern. Sie sollen möglichst nichts mehr mit dem Volk gemeinsam haben, aus dem sie stammen.

Grenzen der Assimilation

Aber bei Essen und Trinken ist für Daniel und seine Freunde die Grenze erreicht. „Und der König bestimmte, was man ihnen täglich geben sollte von der königlichen Speise und von dem Wein, den er selbst trank ... Aber Daniel nahm sich in seinem Herzen vor, dass er sich mit des Königs Speise und mit dem Wein, den dieser trank, nicht unrein machen wollte."

Warum kein Nein zur Astrologie? Warum kein Protest gegen die Umbenennung? Warum lehnen sie es ab, „von der königlichen Speise und von dem

Wein" zu essen und zu trinken? Weil Fleisch von unreinen Tieren dabei ist? Weil die Tiere nicht richtig geschlachtet werden? Weil Fleisch und Wein den Göttern geweiht werden?

Natürlich ist bei *„der königlichen Speise"* auch das Fleisch von unreinen Tieren dabei. Natürlich werden die Tiere nicht nach den Vorschriften des mosaischen Gesetzes geschlachtet. Natürlich werden Fleisch und Wein den Göttern geweiht. Entscheidend aber ist: Es geht um die *„Tafelkost des Königs"*, wie die Elberfelder Bibel richtig übersetzt.

Was ist das Problem bei der *„Tafelkost des Königs"*? Warum essen und trinken die jetzigen und zukünftigen Beamten *„von der königlichen Speise und von dem Wein"*? Weil sie dadurch – auch wenn sie nicht mit ihm am Tisch sitzen – eine Art Mahlgemeinschaft mit dem König haben. Weil sie durch die königliche Speise und den königlichen Wein mit dem König verbunden sind.

Warum legt der König so viel Wert darauf? Es spielen vor allem zwei Gründe eine Rolle. Erstens: Es geht um Loyalität gegenüber dem König. Der Volksmund sagt: „Wes Brot ich ess, des Lied ich sing." Das gilt erst recht, wenn es nicht nur Brot, sondern auch Fleisch und Wein gibt.

Zweitens: Die königliche Speise und der königliche Wein verleihen denen, die davon essen und trinken, außerordentliche Fähigkeiten. Weil der König nahezu übermenschliche Kräfte hat, steigern Essen und Trinken von der Tafel des Königs körperliches Wohlbefinden und geistige Potenz – meint man.

Das meint auch der *„oberste Kämmerer"*. Als Daniel ihm erklärt, dass er gern etwas anderes zu essen hätte, gerät der in Panik.

Die *„Tafelkost des Königs"* zurückzuweisen bedeutet mehr, als eine andere Ernährungsweise zu bevorzugen. Wenn es nur um die Ernährung gehen würde, wäre vermutlich sogar Nebukadnezar tolerant – wenigstens so tolerant, dass er dem obersten Kämmerer nicht gleich im wahrsten Sinne des Wortes den Kopf abreißen würde. Die *„Tafelkost des Königs"* zurückzuweisen ist Majestätsbeleidigung. Da kann er nicht mitmachen. Wenn er auf den Wunsch Daniels eingeht, riskiert er seinen Kopf.

Außerdem ist er überzeugt, dass es sich negativ auf Daniel und seine Freunde auswirken wird, dass ihre *„Gesichter schmächtiger"* sein werden als die Gesichter der *„anderen jungen Leute"*, die von der königlichen Speise essen und vom königlichen Wein trinken.

Es geht hier also nicht um irgendwelche Sonderwünsche. Es geht um den Anspruch des Königs und um den Anspruch Gottes. Genauer: Es geht darum, dass der Anspruch des Königs begrenzt ist, dass er nicht die oberste Autorität ist, dass es eine Autorität über ihm gibt.

Es geht um die Treue zum ersten Gebot: *„Ich bin der HERR, dein Gott, der ich dich aus Ägyptenland, aus der Knechtschaft, geführt habe. Du sollst keine anderen Götter haben neben mir."*

Es geht um eine Haltung, wie sie die „Bekennende Kirche" 1934 in der „Barmer Theologischen Erklärung" gegenüber dem Anspruch des Nationalsozialismus formuliert hat:

> „Wir verwerfen die falsche Lehre, als könne und müsse die Kirche als Quelle ihrer Verkündigung außer und neben diesem einen Worte Gottes [gemeint ist Jesus Christus] auch noch andere Ereignisse und Mächte, Gestalten und Wahrheiten als Gottes Offenbarung anerkennen …
>
> Wir verwerfen die falsche Lehre, als gebe es Bereiche unseres Lebens, in denen wir nicht Jesus Christus, sondern anderen Herren zu eigen wären, Bereiche, in denen wir nicht der Rechtfertigung und Heiligung durch ihn bedürften …
>
> Wir verwerfen die falsche Lehre, als solle und könne der Staat über seinen besonderen Auftrag hinaus die einzige und totale Ordnung menschlichen Lebens werden und also auch die Bestimmung der Kirche erfüllen."

Darum geht es immer wieder im Buch Daniel: dass der Anspruch des Königs begrenzt ist, dass er nicht die oberste Autorität ist, dass es eine Autorität über ihm gibt. Im Vergleich dazu ist ein Studium der Astrologie und die Sache mit den neuen Namen offenbar zweitrangig. Das kann man machen. Aber Gott muss Gott bleiben.

Mut zum Risiko

Beim obersten Kämmerer erreicht Daniel nichts – weil der augenblicklich die Dimension erfasst, die dieser Wunsch Daniels hat. Gott hat zwar bewirkt, dass er Daniel gegenüber *„günstig und gnädig gesinnt"* ist. Deshalb hat er ihn angehört. Aber was zu viel ist, ist zu viel.

Aber Daniel gibt nicht auf. Weil es hier ans Eingemachte geht. Er wendet sich an den *„Aufseher, den der oberste Kämmerer über Daniel, Hananja, Mischaël und Asarja gesetzt hatte"*. Er geht also eine Instanz tiefer. Der Aufseher ist vermutlich nur für die vier jungen Leute aus Jerusalem zuständig. Was die miteinander ausmachen, bekommt so schnell niemand mit.

Daniel schlägt ihm ein Experiment vor. Er soll ihn und seine drei Freunde zehn Tage lang auf Diät setzen – soll ihnen nur Wasser zu trinken und Gemüse zu essen geben. Nach den zehn Tagen soll er prüfen, ob sie schlechter oder besser aussehen als die anderen jungen Leute, die die Tafelkost des Königs bekommen.

Warum will Daniel Gemüse und Wasser? Vielleicht, weil der Aufseher das relativ einfach organisieren kann. Das kostet auch nicht so viel. Aber wahrscheinlich hat Daniel noch einen anderen Grund: Gemüse und Wasser – das ist eine typische Fastenkost.

Der Aufseher geht auf den Vorschlag ein. Wohl auch deshalb, weil das Risiko begrenzt ist. Wenn sie nach zehn Tagen etwas schlechter aussehen, wird es vermutlich noch keine Nachfragen geben – und er wird anschließend schon dafür sorgen, dass diese Jungspunde essen, was auf den Tisch kommt. Das hat Daniel ihm ja auch versprochen.

Courage wird belohnt

Aber der Aufseher wird Zeuge eines Wunders. Obwohl sie auf Diät sind und nur Fastennahrung zu sich nehmen, sehen sie *„schöner und kräftiger aus als alle jungen Leute, die von des Königs Speise"* essen. *„Kräftiger"* meint hier wohl vor allem: sie sind dicker. Dick sein, das ist damals ein Zeichen von Gesundheit. Obwohl sie nur Gemüse essen und Wasser trinken, bringen sie mehr Kilos auf die Waage als diejenigen, die es sich richtig schmecken lassen. Das geht nicht mit rechten Dingen zu. Das ist ein Wunder.

Und der Aufseher sagt sich: Mir soll's recht sein. Dann geb' ich ihnen weiter Gemüse und Wasser. Das war so ausgemacht. Und wenn meine vier Jungs am Ende noch viel *„schöner und kräftiger"* aussehen als die anderen, kann mir nichts passieren. Im Gegenteil – vielleicht kriege ich sogar noch einen Orden dafür, dass ich sie so gut versorgt habe.

Aber es kommt noch besser. Die Vier sind nicht nur *„schöner und kräftiger"*. Gott gibt ihnen auch *„Verstand und Einsicht für jede Art von Schrift und Weisheit"*. Sie vertiefen sich in die chaldäischen Schriften. Keine oberflächliche Schnell-Lektüre, sondern ein sorgfältiges Studium. Sie verstehen, worum es geht. Sie entdecken die chaldäische Weisheitslehre – eine Weisheitslehre, bei der es um die Deutung von Träumen und die Deutung kosmischer Zeichen geht. Vor allem Daniel wird zum Experten für *„Gesichte und Träume jeder Art"*. Auch (oder gerade?) bei der Beschäftigung mit „heidnischer Wissenschaft" erfahren sie Gottes Segen.

Nach Ende der dreijährigen Ausbildung werden alle Auszubildenden dem König vorgestellt. Er will sich selbst ein Bild davon machen, was sie gelernt haben und unterhält sich mit ihnen. Unter allen Absolventen der königlich-babylonischen Akademie ist niemand, der Daniel, Hananja, Mischaël und Asarja das Wasser reichen könnte. Die Vier sind eine Kategorie für sich.

Der König stellt sie ein. Alle vier werden *„des Königs Diener"*. Und auch als *„des Königs Diener"* machen sie schnell Karriere. Jedenfalls stellt der König fest: Immer wenn ich sie frage und egal worum es geht: Sie sind *„zehnmal klüger und verständiger als alle Zeichendeuter und Weisen"* in meinem ganzen Reich.

Daniel bleibt *„bis ins erste Jahr des Königs Kyrus"* im Dienst, siebzig Jahre lang. Siebzig Jahre Exil – so hatte es der Prophet Jeremia prophezeit (Jer.25,11). Daniel war von A-Z dabei. So ist er zum Vorbild für alle geworden, die im Exil sind.

Ein Leben fern der Heimat. Mit den Gedanken immer wieder ganz woanders. Aber – anders als Bert Brecht es in seinem Gedicht schreibt – auch mit beiden Beinen auf der Erde, auch wenn es nicht die Heimaterde ist.

Wer im Exil ist, muss sich früher oder später klar darüber werden, wie er sein Leben unter diesen neuen Bedingungen gestalten will, worauf er sich einlassen will und worauf nicht.

Daniel und seine Freunde eignen sich umfassende Kenntnisse der chaldäischen Wissenschaft an und übertreffen in ihrer Urteilsfähigkeit alle Weisen Babylons. Gleichzeitig aber lassen sie sich nicht vereinnahmen und verweigern dem König von Babylon, dem mächtigsten Mann der Welt, die bedingungslose und grenzenlose Loyalität.

Christen – Menschen, die aus der Reihe tanzen

Irgendwie ist das Leben eines Christen auch ein Leben im Exil. Ein moderner Spruch sagt: „Jeder ist Ausländer – fast überall." Für Christen gilt das noch mehr. Jedenfalls können Christen zu ihrer Nationalität nicht vorbehaltlos „ja" sagen. Zumindest ist unsere Nationalität nicht die entscheidende Aussage darüber, wer und was wir sind. Wir haben wenigstens so etwas wie eine „doppelte Staatsbürgerschaft": wir sind Bürger unseres Staates, aber unser eigentliches Bürgerrecht ist im Himmel (Philipperbrief 3,20).

Deshalb hat Gustav Heinemann, dritter Bundespräsident der Bundesrepublik Deutschland und „Erz-Protestant", als er nach seiner Liebe zum Vaterland gefragt wurde, einmal betont: „Ich liebe keine Staaten, ich liebe meine Frau"! Er hätte auch vom ersten Gebot sprechen können. Schließlich war er 1934 live dabei, als die „Barmer Theologische Erklärung" der Bekennenden Kirche beraten und verabschiedet wurde – und hat, soweit man das beurteilen kann, nach diesem Bekenntnis gelebt.

Wie also ist das mit den Christen und dem Staat, der Gesellschaft, der Nation? Christen sind keine Aussteiger. Aber sie schwimmen auch nicht einfach mit dem Strom. Christen sagen „ja" zu allem, was sie vor Gott verantworten können und wissen, wo die Grenze ist. Erfolg im Beruf, in der Wissenschaft, in der Wirtschaft und sogar in der Politik – das alles ist möglich. Aber Christen lassen sich dabei nicht vereinnahmen. Sie sind keine notorischen Quertreiber, aber tanzen immer wieder mal aus der Reihe – nach dem Motto: „Was keiner wagt, das sollt ihr wagen…" (Lothar Zenetti).[1]

---

[1] Lothar Zenetti, Auf Seiner Spur. Texte gläubiger Zuversicht, Ostfildern 2006. 125.

2 Ein Albtraum und die Vision einer neuen Welt (Daniel 2)

(1) Im zweiten Jahr seiner Herrschaft hatte Nebukadnezar einen Traum, über den sein Geist so erschrak, dass er aufwachte. (2) Und der König ließ alle Zeichendeuter und Weisen und Zauberer und Wahrsager zusammenrufen, dass sie ihm seinen Traum sagen sollten. Und sie kamen und traten vor den König. (3) Und der König sprach zu ihnen: Ich hatte einen Traum, und mein Geist war unruhig zu verstehen, was der Traum bedeutet.

(4) Da sprachen die Wahrsager zum König auf Aramäisch: Der König lebe ewig! Sage deinen Knechten den Traum, so wollen wir ihn deuten. (5) Der König antwortete und sprach zu den Wahrsagern: Mein Wort steht fest: Werdet ihr mir nun den Traum nicht kundtun und deuten, so sollt ihr in Stücke gehauen und eure Häuser sollen zu Schutthaufen gemacht werden.

(6) Werdet ihr mir aber den Traum kundtun und deuten, so sollt ihr Geschenke, Gaben und große Ehre von mir empfangen. Darum sagt mir den Traum und seine Deutung.

(7) Sie antworteten wiederum und sprachen: Der König sage seinen Knechten den Traum, so wollen wir ihn deuten. (8) Der König antwortete und sprach: Wahrlich, ich merke, dass ihr Zeit gewinnen wollt, weil ihr seht, dass mein Wort fest steht. (9) Aber werdet ihr mir den Traum nicht sagen, so ergeht ein Urteil über euch alle, weil ihr euch vorgenommen habt, Lug und Trug vor mir zu reden, bis die Zeiten sich ändern. Darum sagt mir den Traum; so kann ich merken, dass ihr auch die Deutung trefft.

(10) Da antworteten die Wahrsager vor dem König und sprachen zu ihm: Es ist kein Mensch auf Erden, der sagen könnte, was der König fordert. Ebenso gab es auch keinen König, wie groß oder mächtig er auch war, der solches von irgendeinem Zeichendeuter, Weisen oder Wahrsager gefordert hätte. (11) Denn was der König fordert, ist zu schwer, und es gibt auch sonst niemand, der es vor dem König sagen könnte, ausgenommen die Götter, die nicht bei den Menschen wohnen. (12) Da wurde der König sehr zornig und befahl, alle Weisen von Babel umzubringen.

(13) Und das Urteil ging aus, dass man die Weisen töten sollte. Auch Daniel und seine Gefährten suchte man, um sie zu töten. (14) Da wandte sich Daniel mit einem Rat und Vorschlag an Arjoch, den Obersten der Leibwache des Königs, der ausgezogen war, um die Weisen von Babel zu töten. (15) Und er fing an und sprach zu Arjoch, dem der König Vollmacht gegeben hatte: Warum ist ein so strenges Urteil

vom König ergangen? Und Arjoch teilte es Daniel mit. (16) Da ging Daniel hinein und bat den König, ihm eine Frist zu geben, damit er die Deutung dem König sagen könne.

(17) Und Daniel ging heim und teilte es seinen Gefährten Hananja, Mischaël und Asarja mit, (18) damit sie den Gott des Himmels um Gnade bäten wegen dieses Geheimnisses und Daniel und seine Gefährten nicht samt den andern Weisen von Babel umkämen. (19) Da wurde Daniel das Geheimnis durch ein Gesicht in der Nacht offenbart. Und Daniel lobte den Gott des Himmels, (20) fing an und sprach: Gelobet sei der Name Gottes von Ewigkeit zu Ewigkeit, denn ihm gehören Weisheit und Stärke! (21) Er ändert Zeit und Stunde; er setzt Könige ab und setzt Könige ein; er gibt den Weisen ihre Weisheit und den Verständigen ihren Verstand, (22) er offenbart, was tief und verborgen ist; er weiß, was in der Finsternis liegt, und nur bei ihm ist das Licht. (23) Ich danke dir und lobe dich, Gott meiner Väter, denn du hast mir Weisheit und Stärke verliehen und mich jetzt wissen lassen, was wir von dir erbeten haben; denn du hast uns des Königs Sache kundgetan.

(24) Daraufhin ging Daniel hinein zu Arjoch, der vom König Befehl hatte, die Weisen von Babel umzubringen. Er trat ein und sprach zu ihm: Du sollst die Weisen von Babel nicht umbringen, sondern führe mich hinein vor den König, ich will dem König die Deutung sagen. (25) Arjoch brachte Daniel eilends hinein vor den König und sprach zu ihm: Ich habe einen Mann gefunden unter den Gefangenen aus Juda, der dem König die Deutung sagen kann. (26) Der König antwortete und sprach zu Daniel, den sie Beltschazar nannten: Bist du es, der mir den Traum, den ich gesehen habe, und seine Deutung kundtun kann? (27) Daniel fing an vor dem König und sprach: Das Geheimnis, nach dem der König fragt, vermögen die Weisen, Zauberer, Zeichendeuter und Sternkundigen dem König nicht zu sagen. (28) Aber es ist ein Gott im Himmel, der Geheimnisse offenbart. Der hat dem König Nebukadnezar kundgetan, was am Ende der Tage geschehen soll. Mit deinem Traum und deinen Gesichten, als du schliefst, verhielt es sich so:

(29) Du, König, dachtest auf deinem Bett, was dereinst geschehen würde; und der, der Geheimnisse offenbart, hat dir kundgetan, was geschehen wird. (30) Mir aber ist dies Geheimnis offenbart worden, nicht als wäre meine Weisheit größer als die Weisheit aller, die da leben, sondern damit dem König die Deutung kundwürde und du deines Herzens Gedanken erführest. (31) Du, König, schautest, und siehe, ein sehr großes und hohes und hell glänzendes Bild stand vor dir, das war schrecklich anzusehen. (32) Das Haupt dieses Bildes war von feinem Gold, seine Brust und seine Arme waren von Silber, sein Bauch und seine Lenden waren von Bronze, (33) seine Schenkel waren von Eisen, seine Füße waren teils von Eisen und teils

von Ton. (34) Das schautest du, bis ein Stein herunterkam, ohne Zutun von Menschenhänden; der traf das Bild an seinen Füßen, die von Eisen und Ton waren, und zermalmte sie. (35) Da wurden miteinander zermalmt Eisen, Ton, Bronze, Silber und Gold und wurden wie Spreu auf der Sommertenne, und der Wind verwehte sie, dass man sie nirgends mehr finden konnte. Der Stein aber, der das Bild zerschlug, wurde zu einem großen Berg und füllte die ganze Welt.

(36) Das ist der Traum. Nun wollen wir die Deutung vor dem König sagen. (37) Du, König, König aller Könige, dem der Gott des Himmels Königreich, Macht, Stärke und Ehre gegeben hat (38) und dem er alle Länder, in denen Leute wohnen, dazu die Tiere auf dem Felde und die Vögel unter dem Himmel in die Hände gegeben und dem er über alles Gewalt verliehen hat! Du bist das goldene Haupt. (39) Nach dir wird ein anderes Königreich aufkommen, geringer als deines, und dann ein drittes Königreich, das aus Bronze ist und über alle Länder herrschen wird. (40) Und das vierte Königreich wird hart sein wie Eisen; denn wie Eisen alles zermalmt und zerschlägt, so wird es auch alles zermalmen und zerbrechen. (41) Dass du aber die Füße und Zehen teils von Ton und teils von Eisen gesehen hast, bedeutet: Das wird ein zerteiltes Königreich sein; doch wird etwas von des Eisens Härte darin bleiben, wie du ja gesehen hast Eisen mit Ton vermengt. (42) Und dass die Zehen an seinen Füßen teils von Eisen und teils von Ton sind, bedeutet: Zum Teil wird's ein starkes und zum Teil ein schwaches Reich sein. (43) Und dass du gesehen hast Eisen mit Ton vermengt, bedeutet: Sie werden sich zwar durch Heiraten miteinander vermischen, aber sie werden doch nicht aneinander festhalten, so wie sich Eisen mit Ton nicht mengen lässt. (44) Aber zur Zeit dieser Könige wird der Gott des Himmels ein Reich aufrichten, das nimmermehr zerstört wird; und sein Reich wird auf kein anderes Volk kommen. Es wird alle diese Königreiche zermalmen und zerstören; aber es selbst wird ewig bleiben, (45) wie du ja gesehen hast, dass ein Stein ohne Zutun von Menschenhänden vom Berg herunterkam, der Eisen, Bronze, Ton, Silber und Gold zermalmte. Ein großer Gott hat dem König kundgetan, was dereinst geschehen wird. Der Traum ist zuverlässig und die Deutung ist richtig.

(46) Da fiel der König Nebukadnezar auf sein Angesicht und warf sich nieder vor Daniel und befahl, man sollte ihm Speisopfer und Räucheropfer darbringen. (47) Und der König antwortete Daniel und sprach: Wahrhaftig, euer Gott ist ein Gott über alle Götter und ein Herr über alle Könige, der Geheimnisse offenbaren kann, wie du dies Geheimnis hast offenbaren können. (48) Und der König erhöhte Daniel und gab ihm große und viele Geschenke und machte ihn zum Fürsten über das ganze Land Babel und setzte ihn zum Obersten über alle Weisen in Ba-

bel. (49) Und Daniel bat den König, Schadrach, Meschach und Abed-Nego über die Ämter des Landes Babel zu setzen. Daniel aber blieb am Hof des Königs.

Worum geht's hier eigentlich? Im Kern geht es nicht darum, Weltreiche vorherzusagen – und erst recht nicht darum, aus dieser Vorhersage einen Beweis für die Glaubwürdigkeit der Bibel abzuleiten. Im Kern geht es darum, was Gustav Heinemann, der spätere Bundespräsident, kurz nach dem Ende des 2. Weltkriegs auf einem evangelischen Kirchentag auf eine kurze Formel gebracht hat: „Die Herren dieser Welt gehen – unser Herr kommt!" Im Kern geht es darum, dass damals wie heute Menschen gebraucht werden, die das verkündigen – den Menschen auf der Straße und denen in den Schaltzentralen der Macht. Im Kern geht es darum, dass Menschen gebraucht werden, die ihre Hoffnung auf das Reich Gottes setzen und deshalb in ihrer Gesellschaft Verantwortung übernehmen.

Ein vergessener Traum mit Folgen

Aber fangen wir noch mal von vorne an. Nebukadnezar hat einen Traum. Und er weiß: Wenn er etwas träumt, hat das was zu bedeuten – nicht unbedingt etwas Gutes. Er ist tief beunruhigt. An Schlaf ist nicht zu denken.

Also lässt er alle Sachverständigen antreten. Er erklärt ihnen: „Ich habe etwas geträumt. Jetzt bin ich ganz durcheinander. Ich möchte wissen, was das zu bedeuten hat."

Freundlich und unter Beachtung aller Umgangsformen, wie sie bei Hofe üblich sind, bitten sie den König, ihnen den Traum zu erzählen – und versichern ihm, dass sie selbstverständlich bereit sind, ihm zu helfen und den Traum zu deuten.

Mit Träumen kennen sie sich aus. Jahrhundertelang haben sie aufgeschrieben, was Menschen geträumt haben und was anschließend passiert ist. Sie haben Erfahrung damit und sind gern bereit, ihr Wissen in den Dienst des Königs zu stellen. *„Sage deinen Knechten den Traum, so wollen wir ihn deuten."*

Aber Nebukadnezar rastet komplett aus. Er antwortet mit wüsten Drohungen: „Wenn ihr mir den Traum und seine Deutung nicht sagt, lasse ich euch in Stücke hauen! Und eure Häuser, eure Familiensitze, lasse ich in Misthaufen verwandeln!"

Nebukadnezar ist überzeugt: Der Traum ist wichtig. Deshalb diese massive Drohung und die Aussicht auf eine überreiche Belohnung, wenn sie ihm aus dieser Notlage helfen.

Aber die Sachverständigen stehen wie versteinert da. Sie sind so geschockt, dass sie nur wiederholen können, was sie eben bereits gesagt haben: *„Der König sage seinen Knechten den Traum, so wollen wir ihn deuten."*

Da hat Nebukadnezar den Verdacht, dass die „Sachverständigen" um den heißen Brei herum reden, dass sie sich rausreden wollen, dass sie Zeit gewinnen wollen, dass sie meinen: Wenn der König uns seinen Traum erzählt hat, ziehen wir uns erst mal zur Beratung zurück – und zwar so lange, *„bis die Zeiten sich ändern"*, bis die Zeiten sich dadurch geändert haben, dass jemand anders auf dem Thron sitzt.

Genau das aber ist ja die Angst Nebukadnezars: dass sein Traum womöglich das Ende seiner Königsherrschaft ankündigt. Deshalb kennt er kein Pardon: „Ihr erzählt mir auf der Stelle, was ich geträumt habe. Hier und jetzt. Nur dann weiß ich, dass ihr den Traum auch deuten könnt. Wenn ihr das nicht könnt, bleibt es bei eurer Verurteilung."

Die Sachverständigen versuchen es noch mal mit Vernunft und Ehrlichkeit. Sie erklären Nebukadnezar: „Was du hier verlangst, hat noch kein König verlangt. Das kann auch niemand verlangen. Das ist zu schwer. Das kann kein Mensch. Das können nur die Götter, die aber nicht unter uns wohnen." Sympathische Sachverständige, bescheidene Sachverständige.

Aber Nebukadnezar können sie damit nicht beeindrucken. Er wird nur noch wütender und gibt den Befehl, *„alle Weisen von Babylon umzubringen"*. Alle! Das Versagen der „Sachverständigen", die er hat rufen lassen, lässt ihn allergisch werden auf alle „Weisen" und „Wissenschaftler".

Das Geheimnis der Geschichte offenbart

An dieser Stelle kommen Daniel und seine Freunde ins Spiel. Das Todesurteil Nebukadnezars betrifft schließlich auch sie.

Was sollen sie tun? Daniel nimmt all seinen Mut zusammen und geht direkt zum Chef der königlichen Leibwache, der die Todesurteile vollstrecken soll. Er fragt nach dem Grund für diese „Säuberungsaktion". Und er bittet darum, dass der König ihm, *„dem Gefangenen aus Juda"*, eine letzte Frist einräumt. Den anderen Weisen hatte Nebukadnezar eben noch vorgeworfen, Zeit schinden zu wollen. Aber Daniel bekommt eine „Extra-Zeit".

Und er nutzt diese „Galgenfrist". Er geht nach Hause und informiert seine Freunde – damit sie wegen dieses geheimnisvollen Traumes gemeinsam beten. Und tatsächlich: Daniel wird *„das Geheimnis durch ein Gesicht in der Nacht offenbart"*.

„Das Geheimnis". Gemeint ist nicht irgendein Geheimnis. Gemeint ist das Geheimnis der Geschichte, das Ziel der Geschichte. Das wird Daniel offenbart. Darum geht es im Traum Nebukadnezars, wie gleich deutlich werden wird.

Gott als Herr und Ziel der Geschichte steht deshalb auch im Mittelpunkt des Lobliedes, das Daniel jetzt anstimmt. Daniel lobt Gott dafür, dass Gott geschichtliche Epochen und Zeiträume ändert, dass er Könige einsetzt und wieder absetzt, dass er den Weisen Einsicht in den Lauf der Geschichte schenkt, dass er Tiefes und Verborgenes offenbart. Das unterscheidet Gott von den Göttern Babylons.

Der König wird aufgeklärt

Nach dieser besonderen Gebets- und Gotteserfahrung begibt sich Daniel wieder zum Leiter des Exekutionskommandos: „Lass die Weisen leben! Bring mich zum König!" Der König kann kaum glauben, dass ein Fremdling, einer von den *„Gefangenen aus Juda"*, in der Lage sein soll, das Rätsel zu lösen und seine innere Ruhe wiederherzustellen.

Daniel ist nicht überheblich. Er tritt nicht nach dem Motto „Hoppla, jetzt komme ich!" auf. Er äußert sich nicht abschätzig über die „Weisen, Zauberer, Zeichendeuter und Sterndeuter". Er nimmt sie sogar in Schutz. Er erklärt dem König, dass er das, was er von ihnen verlangt hat, gar nicht von ihnen verlangen kann. Was er verlangt hat, das kann nur der „Gott im Himmel, der Geheimnisse offenbart".

Und dieser „Gott im Himmel … hat dem König Nebukadnezar kundgetan, was am Ende der Tage geschehen soll". Darum geht es also – um das Ende bzw. die Vollendung der Welt. Es geht nicht einfach um den Lauf der Weltgeschichte. Es geht nicht einfach darum, wer wann und wie lange an die Macht kommt. Es geht darum, worauf die Weltgeschichte insgesamt zuläuft, was „am Ende" geschieht.

Daniel erinnert den König daran, woran er kurz vor dem Einschlafen gedacht hat: nämlich daran, „was dereinst geschehen" wird. Er hat sich große Sorgen gemacht. Aber Gott hat ihn nicht sich selbst und seinen dunklen Gedanken überlassen. Er hat ihn wissen lassen, „was geschehen wird".

Und dann erzählt Daniel dem großen König Nebukadnezar seinen Traum. Er erklärt dem König, dass er damals „ein großes Bild" gesehen hat. Ein Bild mit einer imponierenden Wirkung, einer außergewöhnlichen Ausstrahlung und einem furchterregenden Aussehen. Eine Statue, die sich aus verschiedenen Metallen zusammensetzt. „Das Haupt dieses Bildes war von feinem Gold, seine Brust und seine Arme waren von Silber, sein Bauch und seine Lenden waren von Bronze, seine Schenkel waren von Eisen, seine Füße waren teils von Eisen und teils von Ton."

So groß und gewaltig dieses Standbild ist – ähnliche Götter- und Königsstatuen sind Nebukadnezar nicht unbekannt. Neu und verwirrend aber ist, was mit der Statue geschieht: „Das schautest du, bis ein Stein herunterkam, ohne Zutun von Menschenhänden; der traf das Bild an seinen Füßen, die von Eisen und Ton waren, und zermalmte sie. Da wurden miteinander zermalmt Eisen, Ton, Bronze, Silber und Gold und wurden wie Spreu auf der Sommertenne, und der Wind verwehte sie, dass man sie nirgends mehr finden konnte. Der Stein aber, der das Bild zerschlug, wurde zu einem großen Berg und füllte die ganze Welt." Das geschieht am „Ende der Tage".

Ein Stein, ein Felsbrocken, der sich plötzlich und unerwartet und ohne erkennbare Ursache von einem Berg loslöst. A roling stone! Ein Stein, der alles zerstört und mit sich reißt – und sich schließlich zu einem großen Berg auftürmt. Vielleicht vergleichbar mit den Bildern, die wir in den letzten Jahren vermehrt im Fernsehen gesehen haben – Bilder von Felsabgängen in den Alpen, die ein ganzes Dorf zerstören und einen riesigen Berg von Geröll bilden.

Wenn man so etwas träumt, haben auch Laienpsychologen eine Ahnung, wie man den Traum deuten kann. Klar ist, dass es etwas mit radikalen Veränderungen zu tun haben muss. Noch klarer aber wird das, als Daniel dem König seinen Traum deutet.

Zunächst kommt er natürlich auf *„das goldene Haupt"* zu sprechen. Er teilt dem König mit: *„Du bist das goldene Haupt."* Er lobt den König von Babel in den höchsten Tönen. Er nennt ihn *„König der Könige"*, was Nebukadnezar natürlich auch ist, weil er über viele Könige regiert. Überraschender ist Daniels Feststellung, dass der *„Gott des Himmels"* selbst ihm, Nebukadnezar, *„Königreich, Macht, Stärke und Ehre gegeben hat"*. Und nicht nur das: Gott hat ihm *„alle Länder, in denen Leute wohnen, dazu die Tiere auf dem Felde und die Vögel unter dem Himmel in die Hände gegeben"*. Ähnlich wird in Kapitel 7 das Reich Gottes beschrieben!

Die anderen Elemente der Statue werden demgegenüber nur kurz abgehandelt: *„Nach dir wird ein anderes Königreich aufkommen, geringer als deines, und dann ein drittes Königreich, das aus Bronze ist und über alle Länder herrschen wird. Und das vierte Königreich wird hart sein wie Eisen; denn wie Eisen alles zermalmt und zerschlägt, so wird es auch alles zermalmen und zerbrechen."*

Mehr Aufmerksamkeit aber widmet Daniel den Füßen und den Zehen: *„Dass du aber die Füße und Zehen teils von Ton und teils von Eisen gesehen hast, bedeutet: Das wird ein zerteiltes Königreich sein; doch wird etwas von des Eisens Härte darin bleiben, wie du ja gesehen hast Eisen mit Ton vermengt. Und dass die Zehen an seinen Füßen teils von Eisen und teils von Ton sind, bedeutet: Zum Teil wird's ein starkes und zum Teil ein schwaches Reich sein. Und dass du gesehen hast Eisen mit Ton vermengt, bedeutet: Sie werden sich zwar durch Heiraten miteinander vermischen, aber sie werden doch nicht aneinander festhalten, so wie sich Eisen mit Ton nicht mengen lässt."*

Ein geteiltes Königreich. Ein Reich, das teilweise stark und teilweise schwach ist. Ein Reich, in dem man sich *„durch Heiraten mit einander vermischt"*, aber doch nicht zusammen bleibt.

Davon spricht das 11. Kapitel des Buches Daniel. Dort geht es um die Diadochenreiche, die Nachfolgereiche Alexander des Großen (11,6.17). Heiratspolitik ist bis ins 20. Jahrhundert hinein versucht worden und hat doch nicht den 1. Weltkrieg, die „Urkatastrophe des 20. Jahrhunderts" verhindert.

Höhepunkt von Daniels Traumdeutung aber ist die Deutung des Steins – des Steins, *„der ohne Zutun von Menschenhänden vom Berg herunterkam, der Eisen, Bronze, Ton, Silber und Gold zermalmte"*, der dann *„zu einem großen Berg"* wurde und *„die ganze Welt"* füllte. Darum geht es. Alles andere ist Einleitung und Hinführung.

Aber was heißt das? Das heißt: Alle Königreiche werden zerstört und Gott richtet ein Reich auf, *„das nimmermehr zerstört wird"*. Und: *„… sein Reich wird auf kein anderes Volk kommen"*. Es wird kein weiteres Reich mehr geben, das von Menschen regiert wird. Das Reich Gottes *„wird ewig bleiben"*.

Mehr sagt Daniel nicht. Aber Jesus hat sich später auf diesen Stein bezogen. In seinem „Gleichnis von den bösen Weingärtnern" hält er seinen Gegnern, den Hohenpriestern und den Pharisäern entgegen: *„Habt ihr nie gelesen in der Schrift: ‚Der Stein, den die Bauleute verworfen haben, der ist zum Eckstein geworden. Vom Herrn ist das geschehen, und er ist ein Wunder vor unsern Augen'? Darum sage ich euch: Das Reich Gottes wird von euch genommen und einem Volk gegeben werden, das seine Früchte bringt. Und wer auf diesen Stein fällt, der wird zerschellen; auf wen aber er fällt, den wird er zermalmen."* (Matthäusevangelium 21,42-44). Jesus bezieht den Stein, von dem das zweite Kapitel des Buches Daniel spricht, auf sich selbst, auf sein Kommen in Macht und Herrlichkeit.

Das ist das, *„was am Ende der Tage geschehen soll"*. Das ist das Ende bzw. die Vollendung der Welt. Darauf läuft die Weltgeschichte zu. Das hat der große Gott *„dem König kundgetan"* – und auch uns.

Gott regiert und hat das letzte Wort

Die Geschichte plätschert nicht einfach so vor sich hin. Die Geschichte ist kein ewiges Auf und Ab. Das Motto „Nichts Neues unter der Sonne" ist falsch – jedenfalls dann, wenn das alles ist, was uns zum Lauf der Geschichte einfällt. Es kommt etwas ganz Neues.

Das letzte Wort ist noch nicht gesprochen.
Nicht die Angstmacher werden es haben
und nicht die Beschwichtigungsakrobaten.
Gott wird es sprechen.
Dann verstummen Propaganda und Lügen,
Irreführungen und billige Vertröstungen
und die Schreie der Verzweiflung.
Das letzte Wort gehört Gott.
Es heißt Gerechtigkeit.
Sie verwandelt Himmel und Erde
in eine neue Welt.
Es wird Regen geben über der Wüste
und Kühle in der sengenden Hitze,
dass Bäume aufwachsen und Felder
wie in einem neuen Garten Eden.[1]

Gott hat das letzte Wort. Und er sagt: *„Siehe, ich mache alles neu!"* (Offb.21,5)

Als Daniel dem König seinen Traum gedeutet hat, fällt der voll Ehrfurcht vor ihm zu Boden – er, der babylonische Großkönig, vor einem judäischen Gelehrten. Außerdem befielt er, *„man sollte ihm Opfer und Räucheropfer darbringen"*.

Aber Nebukadnezar drückt das, was ihn bewegt, auch in Worten aus. Er hat erstens erkannt, dass der Gott Israels *„ein Gott über alle Götter"* ist. Er glaubt zwar immer noch an die vielen Götter, aber er glaubt, dass der Gott Israels über all die anderen Götter regiert. Er hat zweitens erkannt, dass der Gott Israels *„ein Herr über alle Könige"* ist, dass er über alle politischen Machtgebilde herrscht. Er hat drittens erkannt, dass der Gott Israels *„Geheimnisse offenbaren"* kann, das Geheimnis und das Ziel der Geschichte.

Drei Erkenntnisse über Gott. Und dementsprechend wird Daniel dreifach von Nebukadnezar ausgezeichnet. Erstens: Er erhält *„große und viele Geschenke"*. Zweitens: Er wird *„zum Fürsten über das ganze Land Babel"*. Drittens:

---

[1] Manfred Fischer, Niedergefahren zur Erde, Stuttgart 1980, 118.

Er wird zum *„Obersten über alle Weisen in Babel eingesetzt"*, quasi zum „Präsidenten der babylonischen Forschungsgemeinschaft".

Indirekt zeigen die Auszeichnungen: Nebukadnezar ist die quälende Ungewissheit los und kann befreit aufatmen – nicht, weil er das *„goldene Haupt"* ist, sondern weil er erfahren hat, dass die Weltgeschichte, so chaotisch sie manchmal verläuft, auf das ewige Reich Gottes zuläuft und dieser Gott alles in seinen Händen hält – auch wenn das für uns nicht mit Händen zu greifen ist.

Nach seiner Ernennung zum *„Fürsten über das ganze Land Babel"* bittet Daniel den König darum, die damit verbundenen Amtsgeschäfte an seine drei Freunde zu übertragen. Er selbst bleibt am *„Hof des Königs"*, um dort seinen Einfluss auszuüben. *„Daniel aber blieb am Hof des Königs."*

Zuversichtlich und engagiert leben

Auch heute werden Leute gesucht, die wie Daniel am *„Hof des Königs"* bleiben: Leute, die glauben, dass Jesus Christus am Ende der Zeiten mit Macht und Herrlichkeit in den Wolken des Himmels erscheinen wird und die deshalb hier und heute ihre Verantwortung wahrnehmen – nicht nur am *„Hof des Königs"*, sondern überall in der Gesellschaft.

Wer an Jesu Kommen glaubt, wird sich nicht einfach dem Zeitgeist oder dem Strom der Zeit anpassen und resignieren. Mag der Weg im Alltag noch so dunkel sein – das Licht der Hoffnung, das Ziel in der Zukunft gibt Halt, Orientierung und neue Kraft. Wer glaubt, dass Gott alles zum Ziel führt, ist überzeugt: Es hat einen Sinn, nicht aufzugeben, sondern sich hier und heute im Großen und im Kleinen für Gerechtigkeit einzusetzen

Pastor Axel Kühner erzählt: „Bergleute wurden bei ihrer Arbeit unter Tage von einem Stolleneinbruch überrascht. Riesige Mengen von Geröll versperrten ihnen den Ausweg. Sofort gingen sie daran, sich den Weg freizuschaufeln. Aber die Erdmassen waren so gewaltig, ihre Schaufeln so winzig, die Kräfte bald erschöpft und die Luft schnell verbraucht, dass sie mutlos und verzweifelt aufgaben. Doch dann hörten sie von der anderen Seite die ersten Bemühungen der Rettungsmannschaft, und sogleich begannen sie mit neuer Hoffnung und ganz neuer Kraft, an ihrer Rettung zu arbeiten. Immer wieder horchten sie auf die näherkommenden Helfer, und immer wieder wurden sie selbst dadurch mit neuen Kräften und neuem Mut versehen, um schließlich aus der gefährlichen Situation befreit zu werden."[1]

Gott kommt uns entgegen. Das ist unsere Hoffnung. Und diese Hoffnung setzt Kräfte und Energien frei.

---

[1] Axel Kühner, Hoffen wir das Beste, Neukirchen-Vluyn 1997, 316f.

3   Ehre, wem Ehre gebührt (Daniel 3,1-30)

(1) Der König Nebukadnezar ließ ein goldenes Bild machen sechzig Ellen hoch und sechs Ellen breit und ließ es aufrichten in der Ebene Dura im Lande Babel. (2) Und der König Nebukadnezar sandte nach den Fürsten, Würdenträgern, Statthaltern, Richtern, Schatzmeistern, Räten, Amtleuten und allen Mächtigen im Lande, dass sie zur Weihe des Bildes zusammenkommen sollten, das der König Nebukadnezar hatte aufrichten lassen. (3) Da kamen zusammen die Fürsten, Würdenträger, Statthalter, Richter, Schatzmeister, Räte, Amtleute und alle Mächtigen im Lande zur Weihe des Bildes, das der König Nebukadnezar hatte aufrichten lassen. Und sie stellten sich vor dem Bild auf, das Nebukadnezar hatte aufrichten lassen. (4) Und der Herold rief laut: Es wird euch befohlen, euch Völkern, Nationen und Sprachen: (5) Wenn ihr hören werdet den Klang des Horns, der Flöte, der Zither, der Harfe, der Leier, der Doppelflöte und aller andern Instrumente, dann sollt ihr niederfallen und das goldene Bild anbeten, das der König Nebukadnezar hat aufrichten lassen. (6) Wer aber dann nicht niederfällt und anbetet, der soll zu derselben Stunde in den glühenden Feuerofen geworfen werden. (7) Als sie nun den Klang des Horns, der Flöte, der Zither, der Harfe, der Leier und aller andern Instrumente hörten, fielen alle Völker, Nationen und Sprachen nieder und beteten an das goldene Bild, das der König Nebukadnezar hatte aufrichten lassen.

(8) Da kamen einige chaldäische Männer und verklagten die Juden, (9) fingen an und sprachen zum König Nebukadnezar: Der König lebe ewig! (10) Du, König, hast ein Gebot ergehen lassen, dass alle Menschen niederfallen und das goldene Bild anbeten sollten, wenn sie den Klang des Horns, der Flöte, der Zither, der Harfe, der Leier und einer Doppelflöte und aller andern Instrumente hören würden; (11) wer aber nicht niederfiele und anbetete, sollte in den glühenden Feuerofen geworfen werden. (12) Nun sind da judäische Männer, die du über die einzelnen Ämter im Lande Babel gesetzt hast, nämlich Schadrach, Meschach und Abed-Nego; diese Männer verachten dich, o König! Sie ehren deinen Gott nicht und beten das goldene Bild nicht an, das du hast aufrichten lassen.

(13) Da befahl Nebukadnezar mit Grimm und Zorn, Schadrach, Meschach und Abed-Nego vor ihn zu bringen. Und die Männer wurden vor den König gebracht. (14) Da fing Nebukadnezar an und sprach zu ihnen: Wie? Wollt ihr, Schadrach, Meschach und Abed-Nego, meinen Gott nicht ehren und das goldene Bild nicht anbeten, das ich habe aufrichten lassen? (15) Wohlan, seid bereit! Sobald ihr den Klang des Horns, der Flöte, der Zither, der Harfe, der Leier und einer Doppelflö-

te und aller andern Instrumente hören werdet, so fallt nieder und betet das Bild an, das ich habe machen lassen! Werdet ihr's aber nicht anbeten, dann sollt ihr zu derselben Stunde in den glühenden Feuerofen geworfen werden. Lasst sehen, wer der Gott ist, der euch aus meiner Hand erretten könnte! (16) Da fingen an Schadrach, Meschach und Abed-Nego und sprachen zum König Nebukadnezar: Es ist nicht nötig, dass wir dir darauf antworten. (17) Siehe, unser Gott, den wir verehren, kann uns erretten aus dem glühenden Feuerofen, und auch aus deiner Hand, o König, kann er erretten. (18) Und wenn er's nicht tut, so sollst du dennoch wissen, dass wir deinen Gott nicht ehren und das goldene Bild, das du hast aufrichten lassen, nicht anbeten werden.

(19) Da wurde Nebukadnezar voll Grimm und der Ausdruck seines Angesichts veränderte sich gegenüber Schadrach, Meschach und Abed-Nego, und er befahl, man sollte den Ofen siebenmal heißer machen, als man sonst zu tun pflegte. (20) Und er befahl den besten Kriegsleuten, die in seinem Heer waren, Schadrach, Meschach und Abed-Nego zu binden und in den glühenden Feuerofen zu werfen. (21) Da wurden diese Männer in ihren Mänteln, Hosen, Hüten und andern Kleidern gebunden und in den glühenden Feuerofen geworfen. (22) Weil das Gebot des Königs so streng und der Ofen überaus heiß war, tötete die Feuerflamme die Männer, die Schadrach, Meschach und Abed-Nego hinaufbrachten. (23) Aber die drei Männer, Schadrach, Meschach und Abed-Nego, fielen hinab in den glühenden Feuerofen, gebunden wie sie waren.

(24) Da entsetzte sich der König Nebukadnezar, fuhr auf und sprach zu seinen Räten: Haben wir nicht drei Männer gebunden in das Feuer werfen lassen? Sie antworteten und sprachen zum König: Ja, König. (25) Er antwortete und sprach: Ich sehe aber vier Männer frei im Feuer umhergehen, und sie sind unversehrt; und der vierte sieht aus, als wäre er ein Sohn der Götter.

(26) Und Nebukadnezar trat vor die Tür des glühenden Feuerofens und sprach: Schadrach, Meschach und Abed-Nego, ihr Knechte des höchsten Gottes, tretet heraus und kommt her! Da traten Schadrach, Meschach und Abed-Nego heraus aus dem Feuer. (27) Und die Fürsten, Würdenträger, Statthalter und Räte des Königs kamen zusammen und sahen, dass das Feuer den Leibern dieser Männer nichts hatte anhaben können und ihr Haupthaar nicht versengt und ihre Mäntel nicht versehrt waren; ja, man konnte keinen Brand an ihnen riechen. (28) Da fing Nebukadnezar an und sprach: Gelobt sei der Gott Schadrachs, Meschachs und Abed-Negos, der seinen Engel gesandt und seine Knechte errettet hat, die ihm vertraut und des Königs Gebot nicht gehalten haben, sondern ihren Leib preisgaben; denn sie wollten keinen andern Gott verehren und anbeten als allein ihren Gott! (29) So sei nun dies

mein Gebot: Wer unter allen Völkern, Nationen und Sprachen den Gott Schadrachs, Meschachs und Abed-Negos lästert, der soll in Stücke gehauen und sein Haus zu einem Schutthaufen gemacht werden. Denn es gibt keinen andern Gott als den, der so erretten kann. (30) Und der König gab Schadrach, Meschach und Abed-Nego größere Macht im Lande Babel.

„Die Herren dieser Welt gehen – unser Herr kommt!" Das zeigt das zweite Kapitel des Buches Daniel. Vier Weltreiche – und dann kommt ein ewiges Reich, das alle anderen Reiche zermalmt und hinwegfegt.

Und was ist, bis es soweit ist? Bis es soweit ist, bis der „*Gott des Himmels*" sein ewiges Reich aufrichtet, kommt es immer wieder zu Konflikten zwischen den weltlichen Machthabern und denen, die dem „*Gott des Himmels*" dienen.

Warum? Vor allem deshalb, weil die weltlichen Machthaber ihre Grenzen überschreiten, weil sie sich mit religiösen Weihen umgeben, weil sie Gott für sich vereinnahmen wollen, weil sie sich an die Stelle Gottes setzen, weil sie von ihren Untergebenen Anbetung verlangen.

Wer dem „*Gott des Himmels*" dient, kann da nicht mitmachen. Christen sind gute Staatsbürger – solange der Staat seinen Zuständigkeitsbereich nicht verlässt. Der Staat ist zuständig dafür, dass seine Bürger einigermaßen zivilisiert zusammen leben. Er hat die Macht, das vernünftig zu regeln. Aber wenn er darüber hinausgeht, wenn er einen gottgleichen Anspruch erhebt oder Gott benutzt, um seine eigene Macht abzusichern, können Christen das nicht akzeptieren. Dann kann es unter Umständen sogar so weit kommen, dass sie plötzlich im Widerstand sind – womöglich unter Einsatz ihres Lebens.

Politische Religion

„Der König Nebukadnezar ließ ein goldenes Bild machen sechzig Ellen hoch und sechs Ellen breit und ließ es aufrichten in der Ebene Dura im Lande Babel." Das ist schon eine imposante Erscheinung: 30 Meter hoch und 3 Meter breit. Fast so hoch wie die Freiheitsstatue in New York – wenn man die rechte Hand und

die Fackel nicht mitrechnet (Freiheitsstatue: von der Ferse bis zum Scheitel = 33,86 Meter).

Es handelt sich vermutlich nicht um das Bild des Königs, sondern um eine Götterstatue, z.B. von Marduk, dem Stadt- und Nationalgott Babylons. Aber wir können sicher sein: Nebukadnezar geht es hier nicht nur um Religion. Es geht ihm vor allem darum, seine Macht zu sichern. Vielleicht spielt diese Szene kurze Zeit nach einem Putschversuch, von dem die babylonische Chronik berichtet. Das würde erklären, warum er ein Bild des Stadt- und Nationalgotts Babylons aufstellen lässt und alle wichtigen Beamten zur Einweihung antreten müssen. Die Einweihung des goldenen Bildes ist nichts anderes, als eine Staatsfeier zur Befestigung der Macht Nebukadnezars und der Einheit seines Reiches.

Als alle da sind, ergreift der „Herold" das Wort, quasi der Regierungssprecher. Er wendet sich an die versammelte Beamtenschaft, die aus vielen verschiedenen „Völkern, Nationen und Sprachen" stammt, und teilt ihnen den Befehl des Königs mit: „Wenn ihr hören werdet den Klang des Horns, der Flöte, der Zither, der Harfe, der Leier, der Doppelflöte und aller andern Instrumente, dann sollt ihr niederfallen und das goldene Bild anbeten, das der König Nebukadnezar hat aufrichten lassen."

„Mit Musik geht alles besser!" Das wussten später auch die Nazis. Kaum ein Umzug der SA ohne Spielmannszüge mit allerlei Blas- und Schlaginstrumenten. Auf den Reichsparteitagen gewaltige Massenorchester. Kein Führerkult ohne Musik.

Nebukadnezar ist sich aber nicht sicher, ob das reicht. Deshalb hilft er etwas nach – so wie die Nazis auch: „Wer aber dann nicht niederfällt und anbetet, der soll zu derselben Stunde in den glühenden Feuerofen geworfen werden." Diese Form der Todesstrafe war damals nicht unbekannt. Es war vor allem eine Strafe für politische Rebellen – was noch einmal zeigt, dass es bei dem Befehl, vor dem goldenen Götterbild niederzufallen und es anzubeten, gleichzeitig um die Anerkennung der Königsherrschaft Nebukadnezars geht.

Und tatsächlich: „Als sie nun den Klang des Horns, der Flöte, der Zither, der Harfe, der Leier und aller andern Instrumente hörten, fielen alle Völker, Nationen *und Sprachen nieder und beteten an das goldene Bild, das der König Nebukadnezar hatte aufrichten lassen."*

Standhaftigkeit

Alle Völker, Nationen und Sprachen fallen nieder. Alle? Fast alle. Drei Männer bleiben standhaft. Was allerdings nicht unbemerkt bleibt – und denunziert wird. „Das größte Schwein im ganzen Land, das ist und bleibt der Denunziant", soll August Hoffmann von Fallersleben gesagt haben, der auch unsere Nationalhymne gedichtet hat.

Bei den Denunzianten ist eine ordentliche Portion Ausländerfeindlichkeit und Antijudaismus dabei. Der Bericht sagt jedenfalls: *„Da kamen einige chaldäische Männer und verklagten die Juden ..."* Sie erklären dem König: *„Nun sind da judäische Männer, die du über die einzelnen Ämter im Lande Babel gesetzt hast, nämlich Schadrach, Meschach und Abed-Nego; diese Männer verachten dich, o König! Sie ehren deinen Gott nicht und beten das goldene Bild nicht an, das du hast aufrichten lassen."* Vermutlich sind sie neidisch auf ihre Posten – erst recht, weil es sich bei den Dreien um Juden handelt.

Nebukadnezar lässt sich die drei Verweigerer vorführen. Er fragt sie, ob sie das mit *„Absicht"* gemacht haben, wie die Elberfelder Bibel zu Recht übersetzt. Die Antwort wartet er gar nicht ab – vermutlich, weil er sie ahnt. Aber er verhängt nicht sofort das Todesurteil, sondern gibt ihnen die Chance, das Versäumte nachzuholen. Wenn sie sich beim erneuten Klang der Musik vor dem Bild niederwerfen, soll alles vergeben und vergessen sein. Für einen Diktator ist das sehr human.

Aber Nebukadnezar fügt noch eine kleine Schlussbemerkung hinzu: *„Lasst sehen, wer der Gott ist, der euch aus meiner Hand erretten könnte!"* Damit will er ihnen sicher verdeutlichen, dass Widerstand zwecklos ist und sie zum Einlenken bewegen. Vor allem aber lässt er endlich seine Maske fallen. Jetzt zeigt sich sein Machtanspruch. Jetzt zeigt sich, dass er sich für allmächtig hält – für so allmächtig, dass ihm kein Gott etwas anhaben kann.

Das ist der Kern der Auseinandersetzung. Auf der einen Seite Machthaber, die sich an die Stelle Gottes setzen und sich sogar über ihn erheben. Auf der anderen Seite Menschen, die dem *„Gott des Himmels"* dienen und *„keine anderen Götter"* neben oder über ihm dulden (2. Mose 20,3).

Die drei jüdischen Männer gehen direkt auf die Schlussbemerkung Nebukadnezars ein – auf eine Weise, die uns den Atem stocken lässt. Sie stehen vor dem mächtigsten Mann der Welt und erklären ihm: *„Es ist nicht nötig, dass wir dir darauf antworten."* Du hast dich mit diesem Satz selbst entlarvt. Kommentar überflüssig.

Aber dann folgt doch noch ein Kommentar, damit die Botschaft auch ganz bestimmt bei Nebukadnezar ankommt. „Du meinst, dass es keinen Gott gibt, der uns aus deiner Gewalt befreien kann. Das stimmt nicht. Der Gott, dem wir dienen, kann uns *,aus dem glühenden Feuerofen und auch aus deiner Hand … erretten'.* Er kann es. Er muss es nicht tun. Und wenn er es nicht tut, ändert das nichts für uns. Wir bleiben dabei. Wir bleiben Gott treu – auch wenn es sich nicht für uns lohnt."

Das ist wahrer Glaube – ein Glaube, der nicht nur deshalb an Gott glaubt, weil er damit einen Zweck verfolgt bzw. damit er etwas bekommt: Verschonung vor den Übeln dieses Lebens, Bewahrung vor Krankheit, Unfall und Tod, übernatürliche Rettung vor Katastrophen, Terrorakten, Finanzkrisen und Karriereknicks.

Mancher glaubt, dass die Sache mit Gott eine Art „Deal" ist. Natürlich drückt das niemand so ganz direkt aus. Aber eigentlich ist das die Idee – oder es geht zumindest in diese Richtung. Wir glauben an Gott und tun seinen Willen und erwarten nun, dass er auch etwas für uns tut. Und da seine Möglichkeiten ja unbegrenzt sind, halten wir unsere Erwartungen nicht für übertrieben. Aber das ist eine Illusion. Je früher wir das merken, desto besser. Wahrer Glaube ist kein „Deal". Wahrer Glaube ist ein Glaube, der zu Gott steht, was immer auch geschieht.

Dieser wahre Glaube ist zugleich eine ungeheure Provokation: „Auch wenn es nicht gut für uns ausgeht – du sollst *,dennoch wissen, dass wir deinen Gott nicht ehren und das goldene Bild, das du hast aufrichten lassen, nicht anbeten werden'."*

Nach dieser Antwort der drei jüdischen Männer tobt Nebukadnezar vor Wut. Wütend ist er ja schon, seitdem ihm die Denunzianten vom Ungehorsam der Drei berichtet haben. Jetzt aber steigert sich seine Wut ins Maßlose. Sein Gesicht verzerrt sich. Er erteilt Befehle, die völlig unsinnig sind. Er ordnet an, *„den Ofen siebenmal heißer"* zu *„machen, als man sonst zu tun pflegte"*. Je heißer der Ofen, desto kürzer die Todesqualen. Er scheint gar nicht zu bemerken, was er da anordnet. Die Hinrichtung überträgt er kampferprobten und muskelstarken Elitesoldaten – obwohl die drei Männer doch sowieso nicht den Hauch einer Chance haben, der Urteilsvollstreckung zu entfliehen. Auch auf das sonst übliche Entkleiden der Delinquenten wird verzichtet. Die Drei werden in voller Montur in den glühenden Feuerofen geworfen. Eine Nebenwirkung dieser unsinnigen Zornesaktion ist, dass die Elitesoldaten, die mit der Umsetzung der Todesstrafe beauftragt sind, ein Opfer der Flammen werden, die aus dem Ofen herausschlagen. Nebukadnezar wird mehr und mehr zu einer Witzfigur, zur Karikatur eines Tyrannen.

Die wundersame Wandlung eines Tyrannen

Aber kaum ist das Urteil vollstreckt, hat Nebukadnezar selbst den Verdacht, dass er wahnsinnig wird. Er traut seinen Augen nicht. Er sieht etwas, was nicht sein kann. Er sieht *„vier Männer frei im Feuer umhergehen, und sie sind unversehrt; und der vierte sieht aus, als wäre er ein Sohn der Götter"*. Er springt vom Thron auf. Er fragt seine Ratgeber: *„Haben wir nicht drei Männer gebunden in das Feuer werfen lassen?"* Die bestätigen das. Nebukadnezar muss ihnen erklären, warum er das fragt und was er da sieht – auch auf die Gefahr hin, dass er für verrückt gehalten wird.

Es ist ein Wunder geschehen. In stolzer Selbstgefälligkeit und Überheblichkeit hatte Nebukadnezar den drei jüdischen Männern gesagt: *„Lasst sehen, wer der Gott ist, der euch aus meiner Hand erretten könnte!"* Die hatten ihm tapfer die Stirn geboten und gesagt: *„Unser Gott kann das. Und selbst, wenn er es nicht tut, werden wir uns deinem Anspruch nicht unterordnen."* Und jetzt muss Nebukadnezar feststellen: Es gibt einen Gott, der diese Männer aus seiner Gewalt retten kann. Und dieser Gott, der Gott, dem die Drei dienen, hat es getan.

Der große König Nebukadnezar begibt sich höchstpersönlich *„vor die Tür des glühenden Feuerofens"* – an die Stelle, zu der die Verurteilten hinaufgebracht werden und von wo man sie in den Ofen hineingeworfen hat. Er bittet die drei jüdischen Männer herauszukommen und zu ihm zu kommen. Dabei bezeichnet er sie als *„Knechte des höchsten Gottes"*. Er glaubt nach wie vor an eine Vielzahl von Göttern. Aber er versteht den Gott, dem die Drei dienen, als obersten Gott, der über alle anderen Götter regiert.

Alle Würdenträger und Beamten strömen zusammen und begutachten die Geretteten. Übereinstimmend stellen sie fest: Keine Verbrennungen, selbst die Haare nicht versengt, die Kleidung unversehrt und keinerlei Brandgeruch.

Es folgt eine kurze Ansprache des Königs. Sie zeigt, wie Nebukadnezar dieses Wunder deutet: *„Da fing Nebukadnezar an und sprach: Gelobt sei der Gott Schadrachs, Meschachs und Abed-Negos, der seinen Engel gesandt und seine Knechte errettet hat, die ihm vertraut und des Königs Gebot nicht gehalten haben, sondern ihren Leib preisgaben; denn sie wollten keinen andern Gott verehren und anbeten als allein ihren Gott!"*

Ein König, der verstanden hat, worum es geht – um das erste Gebot: *„Ich bin der HERR, dein Gott, der ich dich aus Ägyptenland, aus der Knechtschaft, geführt habe. Du sollst keine anderen Götter haben neben mir."* Ein König, der Gott dafür lobt, dass er die drei Männer errettet hat, die im Glauben treu geblieben sind und deshalb seinen königlichen Befehl trotz der drohenden Todesstrafe ignoriert haben.

Diesem Lob Gottes folgt ein Akt der Gesetzgebung. Für alle Völker, Nationen und Sprachen des babylonischen Weltreiches wird ein „Gotteslästerungsparagraph" erlassen: *„Wer unter allen Völkern, Nationen und Sprachen den Gott Schadrachs, Meschachs und Abed-Negos lästert, der soll in Stücke gehauen und sein Haus zu einem Schutthaufen gemacht werden."*

Die Begründung für den Erlass lautet: *„Denn es gibt keinen anderen Gott als den, der so erretten kann."* Wenn Nebukadnezar bekennt, dass kein anderer Gott retten kann wie dieser, degradiert er reichsöffentlich seine eigenen babylonischen Kulte. Er hat die anderen Götter vielleicht nicht abgeschafft, aber zumindest für unbedeutend erklärt.

Manche Bibelausleger zweifeln, dass so etwas tatsächlich als Reichsgesetz beschlossen und verkündet wurde. Richtig ist, dass man in den Archiven nicht einmal etwas Vergleichbares gefunden hat – weil dieses Gesetz und seine Begründung unglaublich klingen. Aber außergewöhnliche Erfahrungen können zu außergewöhnlichen Gesetzen führen – zu Gesetzen, die so außergewöhnlich sind, dass sie vielleicht noch Jahre später aus den Archiven verbannt werden.

Die Botschaft ist jedenfalls klar. Vorher konnte Nebukadnezar voller Selbstgefälligkeit und Überheblichkeit sagen: *„Lasst sehen, wer der Gott ist, der euch aus meiner Hand erretten könnte!"* Jetzt muss er bekennen: *„… es gibt keinen anderen Gott als den, der so erretten kann."* Gott regiert die Welt. Und ihm allein gebührt die Ehre.

Klar ist auch, dass Schadrach, Meschach und Abed-Nego in ihren Ämtern bleiben und *„noch größere Macht im Lande Babel"* bekommen. Aber das ist nur ein wenig überraschender Nachtrag. Entscheidend ist: Der König von Babel, der mächtigste Mann der Welt, erkennt die Überlegenheit Gottes an und schenkt denen, die an ihn glauben, die Freiheit, allein ihrem Gott zu dienen.

Standhaftigkeit heute

Wir leben in einem Land, in dem niemand vor einem Götterbild niederfallen oder salutieren muss, das irgendein Diktator aufgestellt hat. Glücklicherweise. Vor 85 Jahren war das aber auch bei uns ganz anders. Und es gibt auch heute Diktaturen, in denen die Herrscher überlebensgroße Statuen aufstellen. Denken wir nur an Nordkorea. Und es gibt den Missbrauch von Religion für politische Zwecke. Bei uns weniger als anderenorts, weil unser Staat darauf achtet, religiös und weltanschaulich neutral zu sein. Aber bereits bei unseren östlichen Nachbarn ist das ganz anders.

Aber Götzen und die Forderung, ihnen zu dienen, gibt es in vielerlei Gestalt – auch in ganz subtilen Formen. In unserer Gesellschaft sind die subtilen Formen vorherrschend. Der amerikanische Pfarrer und Bestseller-Autor Timothy Keller schreibt zu Recht:

> „Jede Zeit hat ihre eigenen Götzen, hat ihre Priester, ihre Schutzgeister und Rituale. Jede Gesellschaft hat ihre Tempel – seien es nun Bürohochhäuser, Wellness-Oasen oder Fitnesscenter, Studios oder Stadien. Dort werden die Opfer gebracht, die erforderlich sind, um Anspruch auf ein gutes Leben zu erwerben und Unglück fernzuhalten.

Haben die Götter der Schönheit, der Macht, des Geldes und des Erfolges nicht längst die Herrschaft über uns und unsere Gesellschaft angetreten? Niemand würde sich vor einer Statue von Aphrodite niederwerfen, aber wie viele junge Frauen sind so besessen von ihrem Streben nach Schönheit, dass sie Depressionen oder Essstörungen bekommen, wenn ihr Körper nicht den eigenen Idealen entspricht? Keiner wird einer Artemisfigur Opfer darbringen, aber wenn das Streben nach Geld und Erfolg alles bestimmt und wenn auch Familie, Verwandte und Freunde zurückgelassen werden, um die Karriere voranzutreiben, ist das dann nicht, als würden der Artemis Menschenopfer dargebracht?"[1]

Wer Ja zu Gott sagt, muss auch Nein sagen. „Es ist nicht alles Gott, was glänzt", so hat Timothy Keller sein Buch genannt.

Deshalb: Wer Ja zu Gott sagt, fällt nicht darauf rein, beugt sich nicht anderen Göttern, lässt sich nicht gleichschalten. Wer Ja zu Gott sagt, geht nicht falschen Versprechungen auf den Leim, sondern weiß, was wirklich zählt und trägt. Und schließlich: Wer Ja zu Gott sagt und vor ihm auf die Knie fällt, kann vor Menschen geradestehen.

---

[1] Timothy Keller, Es ist nicht alles Gott, was glänzt, Gießen 2018, 10f.

4   Bäume wachsen nicht in den Himmel (Dan 3,31-4,34)

(3,31) König Nebukadnezar allen Völkern, Nationen und Sprachen auf der ganzen Erde: Viel Friede zuvor! (3,32) Es gefällt mir, die Zeichen und Wunder zu verkünden, die der höchste Gott an mir getan hat. (3,33) Wie groß sind seine Zeichen und wie mächtig seine Wunder! Sein Reich ist ein ewiges Reich, und seine Herrschaft währet für und für.
(4,1) Ich, Nebukadnezar, hatte Ruhe in meinem Hause und lebte zufrieden in meinem Palast. (4,2) Da hatte ich einen Traum, der erschreckte mich, und die Erscheinungen, die ich auf meinem Bett hatte, und die Gesichte, die ich gesehen hatte, beunruhigten mich.(4,3) Und ich befahl, dass alle Weisen Babels vor mich gebracht würden, damit sie mir sagten, was der Traum bedeutete.
(4,4) Da brachte man herein die Zeichendeuter, Weisen, Wahrsager und Sternkundigen, und ich erzählte den Traum vor ihnen; aber sie konnten mir nicht sagen, was er bedeutete, (4,5) bis zuletzt Daniel vor mich trat, der Beltschazar heißt nach dem Namen meines Gottes und der den Geist der heiligen Götter hat. Und ich erzählte vor ihm den Traum: (4,6) Beltschazar, du Oberster unter den Zeichendeutern, von dem ich weiß, dass du den Geist der heiligen Götter hast und dir kein Geheimnis zu dunkel ist, sage, was die Gesichte meines Traumes, die ich gesehen habe, bedeuten. (4,7) Dies sind aber die Gesichte, die ich gesehen habe auf meinem Bett: Siehe, es stand ein Baum in der Mitte der Erde, der war sehr hoch. (4,8) Und er wurde groß und mächtig, und seine Höhe reichte bis an den Himmel, und er war zu sehen bis ans Ende der ganzen Erde. (4,9) Sein Laub war dicht und seine Frucht reichlich, und er gab Nahrung für alle. Die Tiere des Feldes fanden Schatten unter ihm, und die Vögel des Himmels saßen auf seinen Ästen, und alles Fleisch nährte sich von ihm. (4,10) Und ich sah ein Gesicht auf meinem Bett, und siehe, ein heiliger Wächter fuhr vom Himmel herab. (4,11) Der rief laut und sprach: Haut den Baum um und schlagt ihm die Äste weg, streift ihm das Laub ab und zerstreut seine Frucht, dass die Tiere, die unter ihm liegen, weglaufen und die Vögel von seinen Zweigen fliehen. (4,12) Doch lasst den Stock mit seinen Wurzeln in der Erde bleiben; er soll in eisernen und ehernen Ketten auf dem Felde im Grase liegen. Vom Tau des Himmels soll er nass werden und soll sein Teil haben mit den Tieren an den Kräutern der Erde. (4,13) Und das menschliche Herz soll von ihm genommen und ein tierisches Herz ihm gegeben werden, und sieben Zeiten sollen über ihn hingehen. (4,14) Dieser Befehl ist im Rat der Wächter beschlossen, und das Gebot ist eine Entscheidung der Heiligen, damit die Lebenden erkennen, dass der Höchste Gewalt

hat über die Königreiche der Menschen und sie geben kann, wem er will, und selbst den niedrigsten der Menschen über sie setzen kann. (4,15) Solch einen Traum hab ich, König Nebukadnezar, gehabt; du aber, Beltschazar, sage, was er bedeutet. Denn alle Weisen in meinem Königreich können mir nicht kundtun, was er bedeutet; du aber kannst es, denn der Geist der heiligen Götter ist bei dir.

(4,16) Da entsetzte sich Daniel, der auch Beltschazar heißt, eine Zeit lang, und seine Gedanken beunruhigten ihn. Aber der König sprach: Beltschazar, lass dich durch den Traum und seine Deutung nicht beunruhigen. Beltschazar fing an und sprach: Ach, mein Herr, dass doch der Traum deinen Feinden und seine Deutung deinen Widersachern gelte! (4,17) Der Baum, den du gesehen hast, der groß und mächtig wurde und dessen Höhe an den Himmel reichte und der zu sehen war auf der ganzen Erde, (4,18) dessen Laub dicht und dessen Frucht reichlich war, sodass er Nahrung für alle gab, unter dem die Tiere des Feldes wohnten und auf dessen Ästen die Vögel des Himmels saßen – (4,19) das bist du, König, der du so groß und mächtig bist; denn deine Macht ist groß und reicht bis an den Himmel und deine Gewalt bis ans Ende der Erde.

(4,20) Dass aber der König einen heiligen Wächter gesehen hat vom Himmel herabfahren, der sagte: »Haut den Baum um und zerstört ihn, doch den Stock mit seinen Wurzeln lasst in der Erde bleiben; er soll in eisernen und ehernen Ketten auf dem Felde im Grase liegen, und vom Tau des Himmels soll er nass werden und mit den Tieren des Feldes zusammenleben, bis über ihn sieben Zeiten hingegangen sind«; (4,21) das, König, bedeutet – und zwar erging es als Ratschluss des Höchsten über meinen Herrn, den König –: (4,22) Man wird dich aus der Gemeinschaft der Menschen verstoßen, und du musst bei den Tieren des Feldes bleiben, und man wird dich Kraut fressen lassen wie die Rinder, und du wirst vom Tau des Himmels nass werden, und sieben Zeiten werden über dich hingehen, bis du erkennst, dass der Höchste Gewalt hat über die Königreiche der Menschen und sie gibt, wem er will. (4,23) Wenn aber gesagt wurde, man sollte dennoch den Stock des Baumes mit seinen Wurzeln übrig lassen, das bedeutet: Dein Königreich soll dir erhalten bleiben, sobald du erkannt hast, dass der Himmel die Gewalt hat. (4,24) Darum, mein König, lass dir meinen Rat gefallen und mache dich los und ledig von deinen Sünden durch Gerechtigkeit und von deiner Missetat durch Wohltat an den Armen, so wird es dir lange wohlergehen.

(4,25) Dies alles widerfuhr dem König Nebukadnezar. (4,26) Denn nach zwölf Monaten, als der König auf dem Dach des königlichen Palastes in Babel sich erging, (4,27) hob er an und sprach: Das ist das große Babel, das ich erbaut habe zur Königsstadt durch meine große Macht zu Ehren meiner Herrlichkeit. (4,28) Ehe

noch der König diese Worte ausgeredet hatte, kam eine Stimme vom Himmel: Dir,
König Nebukadnezar, wird gesagt: Dein Königreich ist dir genommen, (4,29) man
wird dich aus der Gemeinschaft der Menschen verstoßen, und du sollst bei den Tie-
ren des Feldes bleiben; Kraut wird man dich fressen lassen wie die Rinder, und sie-
ben Zeiten sollen hingehen, bis du erkennst, dass der Höchste Gewalt hat über die
Königreiche der Menschen und sie gibt, wem er will. (4,30) Im gleichen Augenblick
wurde das Wort erfüllt an Nebukadnezar, und er wurde verstoßen aus der Gemein-
schaft der Menschen; und er fraß Kraut wie die Rinder, und vom Tau des Himmels
wurde sein Leib nass, bis sein Haar wuchs so groß wie Adlerfedern und seine Nägel
wie Vogelklauen wurden.
(4,31) Nach dieser Zeit hob ich, Nebukadnezar, meine Augen auf zum Himmel, und
mein Verstand kam mir wieder, und ich lobte den Höchsten. Ich pries und ehrte den,
der ewig lebt, dessen Gewalt ewig ist und dessen Reich für und für
währt, (4,32) gegen den alle, die auf Erden wohnen, für nichts zu rechnen sind. Er
macht's, wie er will, mit dem Heer des Himmels und mit denen, die auf Erden woh-
nen. Und niemand kann seiner Hand wehren noch zu ihm sagen: Was machst
du? (4,33) Zur selben Zeit kehrte mein Verstand zu mir zurück, und meine Herr-
lichkeit und mein Glanz kamen wieder an mich zur Ehre meines Königreichs. Und
meine Räte und Mächtigen suchten mich auf, und ich wurde wieder über mein Kö-
nigreich eingesetzt und gewann noch größere Macht. (4,34) Darum lobe, ehre und
preise ich, Nebukadnezar, den König des Himmels; denn all sein Tun ist Wahrheit,
und seine Wege sind recht, und wer stolz einherschreitet, den kann er demütigen.

Es kommt nicht so oft vor, dass ein Machthaber so redet: „*Darum lobe, ehre*
und preise ich … den König des Himmels; denn all sein Tun ist Wahrheit, und seine
Wege sind recht, und wer stolz einherschreitet, den kann er demütigen." Aktuell es
immer mehr Politiker, die ganz anders reden.

Glücklicherweise leben wir im Geltungsbereich des Grundgesetzes. Da
stehen viele gute Sachen drin. Und es hat sogar ein gutes Vorwort mit einem
guten ersten Satz. Ein langer Satz. Aber das Entscheidende steht ganz am
Anfang: „Im Bewusstsein seiner Verantwortung vor Gott und den Menschen
… hat das Deutsche Volk … um dem staatlichen Leben … eine neue Ordnung zu geben … dieses Grundgesetz der Bundesrepublik Deutschland beschlossen."

„Im Bewusstsein seiner Verantwortung vor Gott ...“ Davon, oder von etwas Ähnlichem, war weder in der Verfassung der Paulskirche von 1849, noch in der Weimarer Reichsverfassung von 1919 die Rede. Aber es steht im Grundgesetz, das im Mai 1949 beschlossen wurde – unter dem Eindruck der nationalsozialistischen Gewaltherrschaft.

In der Bayerischen Verfassung wird in der Präambel sogar der Grund für diesen Gottesbezug genannt: „Angesichts des Trümmerfeldes, zu dem eine Staats- und Gesellschaftsordnung ohne Gott, ohne Gewissen und ohne Achtung vor der Würde des Menschen die Überlebenden des Zweiten Weltkrieges geführt hat, in dem festen Entschlusse, den kommenden deutschen Geschlechtern die Segnungen des Friedens, der Menschlichkeit und des Rechts dauernd zu sichern, gibt sich das bayerische Volk ... nachstehende demokratische Verfassung.“

Die Präambel des Grundgesetzes formuliert es nüchterner. Aber der Grund ist der gleiche. Wo staatliche Macht mit einem absoluten Anspruch auftritt, produziert sie ein Trümmerfeld. Alle staatliche Autorität steht unter einer höheren Macht. Alle staatliche Autorität ist verantwortlich. Nicht nur den Menschen, denn Menschen sind anfällig für die Propaganda totalitärer Machthaber. Sondern: „In Verantwortung vor Gott und den Menschen ...“

Juristen sprechen in diesem Zusammenhang von einer „Demutsformel“. Kann man so sagen – solange damit keine leere Formel gemeint ist. Diese „Demutsformel“ macht deutlich: Es gibt eine Instanz, die über dem Staat steht und der jeder verantwortlich ist. Die Präambel erinnert immer wieder daran.

Auch Nebukadnezar will daran erinnern. Eine demokratische Verfassung gab es in Babylon nicht – und daher auch keine Präambel. Aber Nebukadnezar hat eine Enzyklika verfasst, ein Rundschreiben an alle Völker, Nationen und Sprachen auf der ganzen Erde. Und er hat sie nicht einfach so verfasst, sondern nach einer traumatischen Erfahrung – so wie die Väter und Mütter des Grundgesetzes. In dieser Enzyklika, in diesem Rundschreiben, schildert Nebukadnezar diese Erfahrung und formuliert die Einsicht, zu der er auf diesem Weg gekommen ist.

Noch ein Traum

Ohne besonderen Grund hat Nebukadnezar einen Traum. Er sitzt fest im Sattel. Von gelegentlichen Problemen mal abgesehen, geht alles seinen normalen Gang. Er hat *„Ruhe"* und lebt *„zufrieden"* in seinem Palast. Aber damit ist es schlagartig vorbei, als er nachts einen Albtraum hat. Und Nebukadnezar weiß: dieser Traum hat etwas zu bedeuten. Er weiß nur noch nicht, was. Er hat Angst.

Deshalb trommelt er alle Berater zusammen. Sie sollen ihm den Traum deuten. Aber all seine Experten und Spezialisten sind nicht dazu in der Lage.

Schließlich kommt Daniel – der Vorgesetzte aller Weisen, Wahrsager und Sterndeuter Babylons. Er ist die letzte Hoffnung Nebukadnezars. Der König hat tatsächlich Grund zur Annahme, dass Daniel mehr kann, als die anderen Weisen. Nicht, weil er deren Chef ist. Er weiß, dass Daniel *„den Geist der Heiligen Götter"* hat. Deshalb ist für ihn *„kein Geheimnis zu dunkel"*.

Das hat Nebukadnezar von Daniel gelernt. Der hatte ihm bei einer ihrer ersten Begegnungen gesagt: *„Das Geheimnis, nach dem der König fragt, vermögen die Weisen, Zauberer, Zeichendeuter und Sternkundigen dem König nicht zu sagen. Aber es ist ein Gott im Himmel, der Geheimnisse offenbart."* (Dan.2,27-28).

Deshalb erzählt er Daniel seinen Traum. Darin geht es zunächst um einen riesigen Baum, der *„in der Mitte der Erde"* steht, der immer größer und mächtiger wird, der bis *„an den Himmel"* reicht, der *„bis ans Ende der ganzen Erde"* zu sehen ist und der für Nahrung, Wohnung und Schatten sorgt.

So weit, so gut. Das ist kein Albtraum. Aber das Folgende: Plötzlich steigt *„ein heiliger Wächter ... vom Himmel herab"*. Er gibt den Befehl, den Baum abzuhauen, seine Äste abzuschlagen, das Laub zu entfernen und seine Früchte zu verstreuen. Die Tiere, die dort Schatten und Nahrung fanden, und die Vögel des Himmels, die in den Zweigen des Baumes wohnten, sollen *„fliehen"*.

Der *„Stock mit seinen Wurzeln"* soll allerdings *„in der Erde"* bleiben – *„in eisernen und ehernen Ketten auf dem Felde im Grase"*. Das, was vom Baum übriggeblieben ist, soll vom *„Tau des Himmels ... nass werden"* und *„soll sein Teil haben mit den Tieren an den Kräutern der Erde"*. Außerdem soll *„das menschliche*

Herz ... von ihm genommen" und „ein tierisches Herz ihm gegeben werden". Das soll nicht für immer gelten, aber für „sieben Zeiten".

Und der Wächter teilt Nebukadnezar mit: Das alles „ist im Rat der Wächter beschlossen, und das Gebot ist eine Entscheidung der Heiligen". Beschlossen in einem „Wächterrat" – keinem irdischen, sondern einem himmlischen Richterkollegium, das befugt ist, über Menschen zu Gericht zu sitzen und Strafen zu verhängen. Beschlossen – und nun auch verkündet.

Aber keine Strafe um der Strafe willen, sondern eine Strafe, die ein Ziel verfolgt: „Dieser Befehl ist im Rat der Wächter beschlossen, und das Gebot ist eine Entscheidung der Heiligen, damit die Lebenden erkennen, dass der Höchste Gewalt hat über die Königreiche der Menschen und sie geben kann, wem er will, und selbst den niedrigsten der Menschen über sie setzen kann."

Hier wird gar nicht mehr in Bildern und Symbolen gesprochen. Hier wird „Klartext" gesprochen. Alle Menschen, nicht nur König Nebukadnezar, sollen erkennen, dass Gott der eigentliche Machthaber auf der politischen Bühne ist. Er hat „Gewalt ... über die Königreiche der Menschen". Diese „Gewalt" zeigt sich vor allem daran, dass die Herrscher wechseln. Gott kann die Herrschaft geben, „wem er will". Gott kann „selbst den niedrigsten der Menschen" über andere Menschen setzen.

Die Deutung des Traums und ein guter Rat

Die Botschaft des Traums ist damit doch eigentlich klar. Aber Nebukadnezar bittet Daniel, ihm diesen Traum zu deuten – vielleicht, weil er nicht wahr haben will, was er da geträumt hat.

Auch Daniel ist erst mal geschockt. Er hat sofort verstanden und es hat ihm die Sprache verschlagen. Nebukadnezar selbst muss ihn erst mal ermutigen, ihm zu sagen, was zu sagen ist. Aber so schnell geht das nicht. Daniel betont: „Ach, mein Herr, dass doch der Traum deinen Feinden und seine Deutung deinen Widersachern gelte!"

Dann aber deutet Daniel ihm den Traum. Zunächst befasst er sich mit dem Baum, den Nebukadnezar in seinem Traum gesehen hat. Er wiederholt noch mal kurz, was Nebukadnezar ihm erzählt hat und fügt dann hinzu:

„das bist du, König, der du so groß und mächtig bist; denn deine Macht ist groß und reicht bis an den Himmel und deine Gewalt bis ans Ende der Erde."

Der Baum ist also niemand anders als Nebukadnezar und seine Königsherrschaft. Man könnte sehr viel schlechter von einem König reden. Der Vergleich mit einem Baum beschreibt seine Königsherrschaft als etwas, was seinen Untertanen Auskommen und Sicherheit schenkt.

Ganz ähnlich hat Nebukadnezar selbst in einer Inschrift von sich und seinem Königtum gesprochen: „Die ausgedehnten Völkerschaften, welche Marduk, mein Herr, in meine Hand gegeben, machte ich Babylon untertänig; den Ertrag der Länder, das Erzeugnis der Gebirge, den Reichtum des Meeres nahm ich darin entgegen. Zu seinem ewigen Schatten versammelte ich alle Menschen in Wohlergehen, gewaltige Vorräte von Korn ohne Maß schüttete ich darin auf." (zit. in: Gerhard Maier, Der Prophet Daniel, Wuppertal 1986, 178).

Anschließend kommt Daniel auf den eigentlichen Teil des Traumes zu sprechen – auf das, was mit dem Baum geschieht. Erneut wiederholt er zunächst leicht verkürzt, was der König ihm erzählt hat.

Dann folgt die Deutung: *„Man wird dich aus der Gemeinschaft der Menschen verstoßen, und du musst bei den Tieren des Feldes bleiben, und man wird dich Kraut fressen lassen wie die Rinder, und du wirst vom Tau des Himmels nass werden, und sieben Zeiten werden über dich hingehen …"*

Das Ziel der Strafmaßnahme ist klar. Nebukadnezar soll erkennen, *„dass der Höchste Gewalt hat über die Königreiche der Menschen und sie gibt, wem er will"*.

Eine gewisse Perspektive kann Daniel ihm trotz allem noch bieten: *„Wenn aber gesagt wurde, man sollte dennoch den Stock des Baumes mit seinen Wurzeln übrig lassen, das bedeutet: Dein Königreich soll dir erhalten bleiben, sobald du erkannt hast, dass der Himmel die Gewalt hat."*

Außerdem gibt er ihm einen ganz persönlichen Rat: *„Darum, mein König, lass dir meinen Rat gefallen und mache dich los und ledig von deinen Sünden durch Gerechtigkeit und von deiner Missetat durch Wohltat an den Armen, so wird es dir lange wohlergehen."* Nebukadnezar soll sich von seinen Sünden und Missetaten – und auch den Folgen, die sie für ihn selbst haben – los machen. Wie?

Durch gerechtes Regieren und Wohltaten für die Armen, was natürlich eng zusammengehört. Gerecht zu regieren heißt, den Armen Gutes zu tun. Daniel erklärt Nebukadnezar: Wenn du das tust, bleibst du verschont. Ähnlich heißt es im apokryphen Buch Jesus Sirach: „Wie das Wasser ein brennendes Feuer löscht, so tilgt das Almosen die Sünden." (JesSir.3,30).

Der Traum wird wahr

Vermutlich hat Nebukadnezar sich nicht an Daniels Rat gehalten. Jedenfalls schildert seine Enzyklika das Eintreffen des angekündigten Strafgerichts.

Ein ganzes Jahr nach dem Traum und seiner Deutung schreitet Nebukadnezar auf dem Flachdach seines Palastes auf und ab und blickt dabei über die Dächer der Stadt. Das entlockt ihm den stolzen Satz: *„Das ist das große Babel, das ich erbaut habe zur Königsstadt durch meine große Macht zu Ehren meiner Herrlichkeit."*

Tatsächlich hat Nebukadnezar die Jahrhunderte alte Metropole Babylon mit Palästen und Tempeln ausgestattet und zur größten Stadt der damaligen Welt ausgebaut. Geschätzte Einwohnerzahl: eine Million. Alexander der Große hat Babylon später zu seiner Welthauptstadt machen wollen und griechische Schriftsteller haben diese Stadt in den höchsten Tönen gepriesen.

Deshalb ist dieser Satz Nebukadnezars gar nicht mal übertrieben. Trotzdem geschieht nun, was der *„Wächter"* angekündigt hat. Kaum dass Nebukadnezar ausgeredet hat, ertönt eine *„Stimme vom Himmel"* und erklärt ihm, dass er sein Königtum verloren hat und dass nun eintritt, was Daniel ihm in seiner Traumdeutung angekündigt hat.

So geschieht es dann auch. Nebukadnezar wird aus der Gemeinschaft der Menschen ausgeschlossen und lebt wie ein Tier. Der Bericht fügt hinzu, dass seine Haare schließlich wie *„Adlerfedern"* aussehen und *„seine Nägel wie Vogelklauen"*.

Im letzten Teil seiner Enzyklika berichtet Nebukadnezar von seiner Wiederherstellung – und von der Erkenntnis, die er durch diese bitte Erfahrung gewonnen hat.

Am Ende der sieben Jahre erhebt Nebukadnezar seine *„Augen auf zum Himmel"*. Er schaut nicht einfach nur *„nach oben"*. Die *„Augen auf zum Himmel"* zu richten heißt, auf Gott zu schauen. So schreibt der Psalmist: *„Ich hebe meine Augen auf zu dir, der du im Himmel thronst. Siehe, wie die Augen der Knechte auf die Hand ihrer Herren sehen, wie die Augen der Magd auf die Hand ihrer Herrin, so sehen unsre Augen auf den HERRN, unsern Gott, bis er uns gnädig werde."* (Ps.123,1-2). Daraufhin kehrt sein *„Verstand"* zu ihm zurück. Er hat nicht mehr das Herz eines Tieres, sondern wieder ein menschliches Herz.

Nachdem sein Verstand zurückgekehrt ist, lobt er *„den Höchsten"* bzw. den *„der ewig lebt"*. Diese Gottesbegriffe sind alles andere als zufällig. Der Gott, von dem hier die Rede ist, ist der Gott, *„dessen Gewalt ewig ist und dessen Reich für und für währt"*.

Im Verhältnis zu diesem Gott und seiner Herrschaft sind alle Bewohner der Erde *„für nichts zu rechnen"*. Sie zählen nichts. Sowohl mit dem *„Heer des Himmels"* als auch mit denen, *„die auf Erden wohnen"*, macht Gott es, *„wie er will"*. Da ist niemand, der ihn aufhalten könnte und keine Instanz, vor der er sich rechtfertigen müsste. Mit anderen Worten: Nebukadnezar erkennt die allumfassende und allen Menschen weit überlegene Herrschaft Gottes an – was ja das Ziel des über ihn verhängten Strafgerichts war.

Daraufhin kehren seine *„Herrlichkeit"* und sein *„Glanz"* zu ihm zurück. Seine Gestalt wird hoheitlich, sein Aussehen strahlend. Ihm werden wieder königliche Ehren zuteil. Seine leitenden Beamten, die vermutlich in der Zwischenzeit die Regierungsgeschäfte kommissarisch übernommen haben, begeben sich zu ihm. Er wird wieder als König *„eingesetzt"* und erhält *„noch größere Macht"* als je zuvor.

Hochmut kommt vor dem Fall

Im Rückblick auf diese Ereignisse und zum Abschluss seiner Enzyklika formuliert Nebukadnezar die *„Moral von der Geschicht"*: *„Darum lobe, ehre und preise ich, Nebukadnezar, den König des Himmels; denn all sein Tun ist Wahrheit, und seine Wege sind recht, und wer stolz einherschreitet, den kann er demütigen."*

Seit Papst Gregor dem Großen wird von sieben „Todsünden" bzw. „Hauptsünden" gesprochen: Stolz, Habsucht, Neid, Zorn, Unkeuschheit, Unmäßigkeit, Trägheit oder Überdruss. Mit den Begriffen „Todsünde" bzw. „Hauptsünde" ist viel Unheil angerichtet worden. Aber an der Liste ist was dran – auch daran, dass der Stolz an erster Stelle steht.

Warum steht Stolz an erster Stelle? Papst Gregor versteht den Stolz als „Wurzelsünde". Der Stolz ist die Sünde, aus der alle anderen Sünden entspringen und die alle anderen Sünden noch vergrößert.

Wer stolz ist, meint, weder andere Menschen noch Gott nötig zu haben. Er genügt sich selbst. Er hält sich für stark genug, groß genug, mächtig genug. Er braucht niemanden. Er fühlt sich den anderen überlegen. Er hält sich für allmächtig: „Ich habe alles im Griff".

Eine Pfarrerin erzählt von einem Besuch, bei dem sie im Hausflur eine Tafel mit folgendem Aufdruck entdeckte: „Nichts geerbt, alles selbst bezahlt; nichts geschenkt bekommen, alles selbst erarbeitet; keine Hilfe, alles aus eigener Kraft."

„Stolz", so heißt es an einer Stelle in dem berühmten Roman „Stolz und Vorurteil" von Jane Austen, „ist ... ein weitverbreiteter Fehler .... Die menschliche Natur ist besonders anfällig dafür, und nur wenige von uns hegen nicht aufgrund des einen oder anderen eingebildeten oder wirklichen Vorzugs ein Gefühl der Selbstgefälligkeit."[1]

Für die Mächtigen ist Stolz eine ganz spezielle Herausforderung – gerade weil sie schon oft bewiesen haben, dass sie etwas können und Überdurchschnittliches geleistet haben. Sonst wären sie ja nicht da oben an den Schalthebeln der Macht. Hinzu kommt, dass sie „da oben" in einem Elfenbeinturm leben und nur noch von Bewunderern und Hofschranzen umgeben sind. Das bestärkt sie noch in ihrem Überlegenheitsgefühl.

Aber: „Hochmut kommt vor dem Fall." Notfalls sorgt Gott selbst dafür, „dass die Bäume nicht in den Himmel wachsen". Gut, wenn wir das vorher wissen – bevor unser Baum gefällt werden muss. Gut, wenn wir wissen: Gott ist über uns. Und uns deshalb nicht wie ein Gott aufspielen, sondern

---

[1] Jane Austen, Stolz und Vorurteil, Stuttgart 1981, 25.

menschlich bleiben. Gut, wenn auch alle, die in Staat, Wirtschaft, Gesellschaft, Kirchen usw. über Macht und Einfluss verfügen, sich die „Demutsformel" der Präambel des Grundgesetzes immer wieder vor Augen führen: „In Verantwortung vor Gott …".

5 Das Schicksal eines politischen Leichtgewichts (Daniel 5)

(1) König Belsazar machte ein herrliches Mahl für seine tausend Mächtigen und soff sich voll mit ihnen. (2) Und als er betrunken war, ließ er die goldenen und silbernen Gefäße herbringen, die sein Vater Nebukadnezar aus dem Tempel zu Jerusalem weggenommen hatte, damit der König mit seinen Mächtigen, mit seinen Frauen und mit seinen Nebenfrauen daraus tränke. (3) Da wurden die goldenen und silbernen Gefäße herbeigebracht, die aus dem Tempel, aus dem Hause Gottes zu Jerusalem, weggenommen worden waren; und der König, seine Mächtigen, seine Frauen und Nebenfrauen tranken daraus. (4) Und als sie so tranken, lobten sie die goldenen, silbernen, bronzenen, eisernen, hölzernen und steinernen Götter. (5) Im gleichen Augenblick gingen hervor Finger wie von einer Menschenhand, die schrieben gegenüber dem Leuchter auf die getünchte Wand im Königspalast. Und der König erblickte die Hand, die da schrieb. (6) Da entfärbte sich der König, und seine Gedanken erschreckten ihn, sodass seine Glieder schwach wurden und ihm die Knie schlotterten. (7) Und der König rief laut, dass man die Zauberer, Wahrsager und Sternkundigen herbeiholen sollte. Und er ließ den Weisen von Babel sagen: Welcher Mensch diese Schrift lesen kann und mir sagt, was sie bedeutet, der soll mit Purpur gekleidet werden und eine goldene Kette um den Hals tragen und als der Dritte in meinem Königreich herrschen. (8) Da wurden alle Weisen des Königs hereingeführt, aber sie konnten weder die Schrift lesen noch die Deutung dem König kundtun. (9) Darüber erschrak der König Belsazar noch mehr und verlor seine Farbe ganz, und seinen Mächtigen wurde angst und bange.
(10) Auf die Worte des Königs und seiner Mächtigen hin kam die Königinmutter in den Saal und sprach: Der König lebe ewig! Lass dich von deinen Gedanken nicht so erschrecken und entfärbe dich nicht! (11) Es ist ein Mann in deinem Königreich, der den Geist der heiligen Götter hat. Denn zu deines Vaters Zeiten fand sich bei ihm Erleuchtung, Klugheit und Weisheit wie der Götter Weisheit. Und dein Vater, der König Nebukadnezar, setzte ihn über die Zeichendeuter, Zauberer, Wahrsager und Sternkundigen, dein eigener Vater, o König, (12) weil ein überragender Geist bei ihm gefunden wurde, dazu Verstand und Klugheit, Träume zu deuten, dunkle Rätsel zu erraten und Verschlungenes aufzulösen. Das ist Daniel, dem der König den Namen Beltschazar gab. So rufe man nun Daniel; der wird sagen, was es bedeutet.
(13) Da wurde Daniel vor den König geführt. Und der König sprach zu Daniel: Bist du Daniel, einer der Gefangenen aus Juda, die der König, mein Vater, aus Juda her-

gebracht hat? (14) Ich habe von dir sagen hören, dass du den Geist der Götter habest und Erleuchtung, Verstand und überragende Weisheit bei dir zu finden sei. (15) Nun hab ich vor mich rufen lassen die Weisen und Zauberer, damit sie mir diese Schrift lesen und kundtun sollen, was sie bedeutet; aber sie können mir nicht sagen, was das alles bedeutet. (16) Von dir aber höre ich, dass du Deutungen zu geben und Verschlungenes aufzulösen vermagst. Kannst du nun die Schrift lesen und mir sagen, was sie bedeutet, so sollst du mit Purpur gekleidet werden und eine goldene Kette um deinen Hals tragen und als der Dritte in meinem Königreich herrschen. (17) Da fing Daniel an und sprach vor dem König: Behalte deine Gaben und gib dein Geschenk einem andern; ich will dennoch die Schrift dem König lesen und kundtun, was sie bedeutet. (18) O König, der höchste Gott hat deinem Vater Nebukadnezar Königreich, Macht, Ehre und Herrlichkeit gegeben. (19) Und um solcher Macht willen, die ihm gegeben war, fürchteten und scheuten sich vor ihm alle Völker, Nationen und Sprachen. Er tötete, wen er wollte; er ließ leben, wen er wollte; er erhöhte, wen er wollte; er demütigte, wen er wollte. (20) Als sich aber sein Herz überhob und er stolz und hochmütig wurde, da wurde er vom königlichen Thron gestoßen und verlor seine Ehre (21) und wurde verstoßen aus der Gemeinschaft der Menschen, und sein Herz wurde gleich dem der Tiere, und er musste bei den Wildeseln hausen und fraß Kraut wie die Rinder, und sein Leib wurde nass vom Tau des Himmels, bis er lernte, dass der höchste Gott Gewalt hat über die Königreiche der Menschen und sie gibt, wem er will. (22) Aber du, Belsazar, sein Sohn, hast dein Herz nicht gedemütigt, obwohl du das alles wusstest, (23) sondern hast dich gegen den Herrn des Himmels erhoben, und die Gefäße seines Hauses hat man vor dich bringen müssen, und du, deine Mächtigen, deine Frauen und deine Nebenfrauen, ihr habt daraus getrunken; dazu hast du die silbernen, goldenen, bronzenen, eisernen, hölzernen, steinernen Götter gelobt, die weder sehen noch hören noch etwas wissen können. Den Gott aber, der deinen Odem und alle deine Wege in seiner Hand hat, hast du nicht verehrt. (24) Darum wurde von ihm diese Hand gesandt und diese Schrift geschrieben.

(25) So aber lautet die Schrift, die dort geschrieben steht: Mene mene tekel uparsin. (26) Und sie bedeutet dies: Mene, das ist, Gott hat dein Königtum gezählt und beendet. (27) Tekel, das ist, man hat dich auf der Waage gewogen und zu leicht befunden. (28) Peres, das ist, dein Reich ist zerteilt und den Medern und Persern gegeben. (29) Da befahl Belsazar, dass man Daniel mit Purpur kleiden sollte und ihm eine goldene Kette um den Hals geben; und er ließ von ihm verkünden, dass er der dritte Herrscher im Königreich sei. (30) Aber in derselben Nacht wurde Belsazar, der König der Chaldäer, getötet.

In letzter Zeit ist oft von „roten Linien" die Rede. Gemeint sind Grenzen, die jemand auf keinen Fall überschreiten soll und die man ihm deshalb klar vor Augen führt – Grenzen für sein Verhalten. Jemand zieht eine „rote Linie" und sagt: „Bis hierhin und nicht weiter. Wenn du diese Grenze überschreitest, wird das dramatische Konsequenzen für dich haben." Er zieht sie an der Stelle, an der aus seiner Sicht endgültig „Schluss mit lustig" ist.

Auch in der Politik wird von „roten Linien" gesprochen. 2012 hat der damalige amerikanische Präsident Barack Obama eine solche „rote Linie" für den Krieg in Syrien aufgestellt. Auf einer Pressekonferenz erklärte er: „Ich habe bis jetzt kein militärisches Eingreifen angeordnet, aber für uns ist eine rote Linie überschritten, wenn eine ganze Menge chemischer Waffen bewegt oder eingesetzt wird." Damals sind trotzdem chemische Waffen eingesetzt worden. Aber entgegen seiner Ankündigung hat Barack Obama nicht reagiert. 2018 ist es dann erneut passiert – jedenfalls sehr wahrscheinlich. Sofort war wieder von der „roten Linie" die Rede, die überschritten wurde. Und dann hat die US-Armee tatsächlich Raketen abgefeuert.

Die Rede von den „roten Linien" passt gut in den Nahen Osten. Da ist sie entstanden. 1928 gab es ein „Red Line Agreement". Dabei ging es nicht um Chemiewaffen, sondern um Öl. Kurz nach Ende des 1. Weltkriegs vereinbarten führende Ölkonzerne, innerhalb der Grenzen des früheren Osmanischen Reichs immer gemeinsam nach Öl zu bohren. Die Grenzen waren aber nicht ganz klar. Deshalb, so wird erzählt, nahm einer der Verhandlungsführer eine Landkarte zur Hand und zeichnete mit einem roten Stift die Grenze ein. Das „Red Line Agreement" war geboren. Von dort aus hat der Begriff der „roten Linie" Einzug in die Sprache der amerikanischen Diplomatie gehalten und eine übertragene Bedeutung bekommen.

Die Ölgesellschaften konnten sich damals offenbar einigen. Alle wussten, wo die Linie verlief. Bei den „roten Linien", von denen heutzutage die Rede ist, ist das sehr viel schwieriger. Jeder zieht sie woanders. Um beim Beispiel Syrien zu bleiben: Warum ist die „rote Linie" erst bei Chemiewaffen überschritten? Warum nicht schon bei Streubomben? Oder beim Gebrauch von Schusswaffen?

Was also sind „rote Linien"? Wo begegnen sie uns? Wer zieht sie? Wer überschreitet sie? Wer verrückt sie? Wer stellt sie in Frage? Wer braucht sie und wofür?

Feier ohne Grenzen

Auch in der Erzählung vom Gastmahl König Belsazars geht es um eine „rote Linie". Belsazar überschreitet sie. Und das hat Konsequenzen. Gott greift ein und bereitet dem Treiben ein Ende. Es geht also heute um eine „rote Linie", die nicht irgendjemand zieht, sondern Gott selbst – eine „rote Linie" für die Mächtigen.

„König Belsazar machte ein herrliches Mahl für seine tausend Mächtigen und soff sich voll mit ihnen." Das ist gefährlich. Da geht die Kontrolle verloren. Da fallen die letzten Hemmungen.

Heinrich Heine hat es in seinem Gedicht „Belsazar" so wiedergegeben:[1]

> Die Mitternacht zog näher schon;
> In stummer Ruh lag Babylon.
>
> Nur oben, in des Königs Schloß,
> Da flackert's, da lärmt des Königs Troß,
>
> Dort oben, in dem Königssaal,
> Belsazar hielt sein Königsmahl.
>
> Die Knechte saßen in schimmernden Reih'n,
> Und leerten die Becher mit funkelndem Wein.
>
> Es klirrten die Becher, es jauchzten die Knecht';
> So klang es dem störrigen Könige recht.
>
> Des Königs Wangen leuchten Glut;
> Im Wein erwuchs ihm kecker Muth.

Belsazar kommt auf die „Schnapsidee", die *„goldenen und silbernen Gefäße"* herbringen zu lassen, *„die sein Vater Nebukadnezar aus dem Tempel zu Jerusalem weggenommen hatte"*. Nebukadnezar hatte sie *„in den Tempel seines Got-*

---

[1] Heinrich Heine, Buch der Lieder. Junge Leiden. Romanzen, Hamburg 1827, 71ff.

tes" Marduk gebracht – genauer: *„in die Schatzkammer seines Gottes"* (Dan.1,2). Jetzt, als die feucht-fröhliche Stimmung des Königs und seiner „Mächtigen" auf dem Höhepunkt angekommen ist, lässt Belsazar diese besondere Kriegsbeute herbeischaffen.

Er möchte *„mit seinen Frauen und mit seinen Nebenfrauen"* daraus trinken. Nicht, weil sie nicht genug Geschirr haben, sondern weil er mit seinen Leuten seine Überlegenheit über die anderen Völker feiern möchte. Und das bedeutet auch: Er möchte die Stärke und Macht seiner Götter und deren Überlegenheit über die Götter der besiegten Völker feiern. *„Da wurden die goldenen und silbernen Gefäße herbeigebracht, die aus dem Tempel, aus dem Hause Gottes zu Jerusalem, weggenommen worden waren; und der König, seine Mächtigen, seine Frauen und Nebenfrauen tranken daraus. Und als sie so tranken, lobten sie die goldenen, silbernen, bronzenen, eisernen, hölzernen und steinernen Götter."*

Hören wir Heinrich Heine:

… der König ergriff mit frevler Hand
Einen heiligen Becher, gefüllt bis am Rand'.

Und er leert ihn hastig bis auf den Grund,
Und rufet laut mit schäumendem Mund:

Jehovah! dir künd' ich auf ewig Hohn, –
Ich bin der König von Babylon!

Doch kaum das grause Wort verklang,
Dem König ward's heimlich im Busen bang.

Das gellende Lachen verstummte zumal;
Es wurde leichenstill im Saal.

Und sieh! und sieh! an weißer Wand
Da kam's hervor wie Menschenhand;

Und schrieb, und schrieb an weißer Wand
Buchstaben von Feuer, und schrieb und schwand.

Der König stieren Blicks da saß,
Mit schlotternden Knien und todtenblaß.

Die Knechtenschaar saß kalt durchgraut,
Und saß gar still, gab keinen Laut.

Schluss mit lustig

Der König ist geschockt. Er wird kreidebleich, bekommt weiche Knie und zittert am ganzen Körper. Abrupter kann ein solches Fest nicht enden. Die Gespräche verstummen. Das Lachen erstirbt. Die Musik hört auf zu spielen. Es wird still, mucksmäuschenstill.

Belsazar ruft seine „Sachverständigen" zu sich – so wie Nebukadnezar es bei seinen Träumen getan hat (Dan.2,2; 4,3). Sie sollen ihm vorlesen, was die geheimnisvolle Hand an die Wand geschrieben hat und ihm sagen, was diese Worte zu bedeuten haben.

Er verspricht dem, der das hinbekommt, eine große Belohnung. Er soll *„mit Purpur gekleidet werden"* – also mit der Kleidung eines Königs. Er soll *„eine goldene Kette um den Hals tragen"*. Auch die *„goldene Kette"* ist nicht nur besonders wertvoll, sondern ein Zeichen dafür, dass es sich bei dem Träger um eine hochgestellte Persönlichkeit handelt. Er soll sogar *„als der Dritte"* in seinem Königreich herrschen – quasi als eine Art Ministerpräsident.

Aber die herbeigerufenen Weisen können die Schrift nicht lesen – und ihm daher auch nicht die Deutung mitteilen.
Die Magier kamen,
doch keiner verstand
Zu deuten die Flammenschrift an der Wand.

Dann erscheint *„die Königin"* auf dem geplatzten Trinkgelage. Vermutlich handelt es sich um die Königinmutter. Sie versucht, ihren Sohn zu beruhigen. Er soll sich nicht erschrecken. Warum nicht? Weil es einen Mann in seinem Königreich gibt *„der den Geist der heiligen Götter hat"*. Schon zu Nebukadnezars Zeiten habe dieser Mann über *„Erleuchtung, Klugheit und Weisheit wie der Götter Weisheit"* verfügt, weshalb Nebukadnezar ihn zum Chef der *„Zeichendeuter, Zauberer, Wahrsager und Sternkundigen"* ernannt habe. Er habe außerordentliche Qualitäten. Er sei in der Lage, *„Träume zu deuten, dunkle Rätsel zu erraten und Verschlungenes aufzulösen"*. Die Rede ist natürlich von Daniel.

Daraufhin wird Daniel vor den König geführt. Aber bevor Daniel die Schrift an der Wand deutet, kommt es zu einem Dialog zwischen den beiden:

> *„Und der König sprach zu Daniel: Bist du Daniel, einer der Gefangenen aus Juda, die der König, mein Vater, aus Juda hergebracht hat? Ich habe von dir sagen hören, dass du den Geist der Götter habest und Erleuchtung, Verstand und überragende Weisheit bei dir zu finden sei. Nun hab ich vor mich rufen lassen die Weisen und Zauberer, damit sie mir diese Schrift lesen und kundtun sollen, was sie bedeutet; aber sie können mir nicht sagen, was das alles bedeutet. Von dir aber höre ich, dass du Deutungen zu geben und Verschlungenes aufzulösen vermagst. Kannst du nun die Schrift lesen und mir sagen, was sie bedeutet, so sollst du mit Purpur gekleidet werden und eine goldene Kette um deinen Hals tragen und als der Dritte in meinem Königreich herrschen."*

Der Alttestamentler Werner Kessler schreibt dazu: „Mit einer Herablassung, die sich lässig doch noch ein wenig des Vergessenen und seiner jüdischen Abkunft erinnert, redet der König Daniel an und erwähnt wohlwollend, was er Rühmenswertes und auch im Blick auf den vorliegenden Fall Schätzbares von ihm gehört hat (V.13.14). Er setzt ihn ins Bild über das Unvermögen seiner Weisen, appelliert an seine Fähigkeit und wiederholt sein großzügiges Belohnungsangebot (V.15.16). Ein König gebärdet sich auch in seiner Verlegenheit gern als der Gönnerhafte und Gebende. Es ist, als ob er Daniel auf die Schulter klopfte und sagte: Nun, kleiner Mann, zeige, was du kannst, es soll dein Schade nicht sein!"[1]

Und wie reagiert Daniel? Er verzichtet auf alle protokollarischen Formeln, die bei Hofe üblich sind. Das ist schon frech genug. Außerdem erklärt er dem König, dass er auf die versprochene Belohnung verzichten will. Er soll sie lieber *„einem anderen"* geben. Aber er will ihm trotzdem vorlesen, was da an der Wand steht und die Schrift für ihn deuten.

Vorher aber äußert sich Daniel zu Belsazars Vater, zu Nebukadnezar. Er stellt fest, dass *„der höchste Gott"* selbst ihm *„Königreich, Macht, Ehre und Herrlichkeit gegeben"* hat – und zwar eine so große Macht, dass sich *„alle Völker, Nationen und Sprachen"* vor ihm gefürchtet haben. Nebukadnezar *„tötete,*

---

[1] Werner Kessler, Zwischen Gott und Weltmacht. Das Buch Daniel, Stuttgart 1988, 73.

wen er wollte; er ließ leben, wen er wollte; er erhöhte, wen er wollte; er demütigte, wen er wollte." So groß war die Macht, die Gott ihm gegeben hat.

Dann aber, so Daniel weiter, ist Nebukadnezar *„stolz und hochmütig"* geworden. Angesichts seiner großen Macht hat er übersehen, dass sie von Gott kommt und Gott über ihm steht. Deshalb musste er runter von seinem Thron und sogar aus der *„Gemeinschaft der Menschen"* ausgeschlossen werden *„bis er lernte, dass der höchste Gott Gewalt hat über die Königreiche der Menschen und sie gibt, wem er will"*.

Die Pointe der kurzen Ansprache, die Daniel vor König Belsazar hält, besteht darin, dass er ihn mit seinem Vater Nebukadnezar vergleicht. Er wirft ihm vor, dass er sich im Unterschied zu ihm *„nicht gedemütigt"* hat, obwohl er doch wusste, was seinem Vater aufgrund seines Anfalls von Hochmut widerfahren ist. Er hat sich stattdessen *„gegen den Herrn des Himmels erhoben"*, weil er sich die Tempelgeräte bringen ließ, mit seinen *„Mächtigen"*, seinen *„Frauen"* und *„Nebenfrauen"* Wein daraus getrunken und dabei die Macht und Überlegenheit der *„silbernen, goldenen, bronzenen, eisernen, hölzernen, steinernen Götter gelobt"* hat – und nicht den Gott, der in Wahrheit alles in seinen Händen hält. Deshalb hat Gott *„ihm diese Hand gesandt und diese Schrift geschrieben"*.

Dann endlich verliest und deutet Daniel die Schrift an der Wand. Sie lautet: *„Mene mene tekel u-parsin."* Diese Begriffe sind Gewichts- und Währungseinheiten". *„Mene"* kommt von *„Mine"*. Eine *„Mine"* sind 50 oder 60 Schekel. *„Tekel"* meint den *„Schekel"* und *„u-parsin"* vermutlich eine *„halbe Mine"*.

Entscheidend ist nun, dass es sich bei diesen Bezeichnungen für Gewichts- und Währungseinheiten um Begriffe handelt, die auch wörtlich übersetzt werden können. Wir kennen das noch vom britischen Pfund. *„Mene"* bedeutet *„gezählt"*, *„tekel"* heißt *„gewogen"* und *„u-parsin"* kann mit *„geteilt"* übersetzt werden – daher auch die Bedeutung *„halbe Mine"*.

Nun erklärt Daniel dem König die tiefere Bedeutung, die diese Begriffe in diesem Zusammenhang – als Schrift an der Wand – haben.

„Mene" heißt: *„Gott hat dein Königtum gezählt und beendet."* Dass Belsazars Königtum gezählt ist, bedeutet entweder, dass dessen Tage gezählt sind o-

der dass Gott es geprüft hat. Die Konsequenz ist in beiden Fällen die gleiche: Gott *„beendet"* sein *„Königtum"*.

„Tekel" heißt: *„… man hat dich auf der Waage gewogen und zu leicht befunden."* Hier geht es eindeutig um eine Prüfung und das Ergebnis der Prüfung. Dass jemand *„auf der Waage gewogen"* wird, ist ein Bild, das aus der ägyptischen Religion stammt. Dort bezieht es sich auf die Toten. Sie müssen vor Osiris, dem Totenrichter, erscheinen. Horus und Anubis nehmen das Herz des Toten, legen es auf die Waage, und prüfen, ob es schwerer oder leichter ist als die Wahrheit. Ein Schreiber notiert das Resultat und teilt es Osiris mit. Belsazar aber wird bereits zu Lebzeiten gewogen. Ergebnis: Er ist *„zu leicht"*.

„Peres" heißt: *„… dein Reich ist zerteilt und den Medern und Persern gegeben."* Hier geht es, wie beim ersten Begriff, um das Ende seines Königreiches. Aber die Botschaft wird konkreter: Sein Reich wird, der Wortbedeutung entsprechend, *„zerteilt"* und den *„Medern und Persern gegeben"*. Vielleicht ist es auch ein Wortspiel. *„Peres"* klingt so ähnlich wie *„paras"*, was auf Hebräisch Persien oder Perser bedeutet.

Der Schluss ist schnell erzählt: Nachdem Daniel den König über die Schrift und seine Bedeutung informiert hat, gibt dieser den Befehl, Daniel so zu belohnen, wie er es den Weisen von Babel und auch Daniel selbst versprochen hat. Offenbar lässt Daniel sich das gefallen, obwohl er die Belohnung zuvor abgelehnt hatte (5,17).

Im Unterschied zu dem Berichten in den Kapiteln 2 bis 4 endet der Bericht nicht damit, dass der König sich Gott zuwendet bzw. sich bekehrt. Stattdessen wird berichtet, dass Belsazar noch *„in derselben Nacht … getötet"* wird. An seiner Stelle übernimmt *„Darius aus Medien"* die Macht.

Alle Könige, von denen das Buch Daniel berichtet, sind zwielichtige Gestalten. Am besten kommt noch Darius weg, um den es im sechsten Kapitel geht. Er meint es irgendwie gut, tappt aber in eine Falle seiner Untergebenen. Nebukadnezar ist schon sehr viel problematischer. Er hat Schwierigkeiten damit, die Überlegenheit Gottes anzuerkennen. Manchmal lernt er seine Lektion und scheint auf einem guten Weg zu sein. Dann aber erleidet er einen schweren Rückfall.

Belsazar ist aber noch ein ganz anderes Kaliber. Er lästert Gott – und überschreitet damit die „rote Linie". Deshalb verkündet Gott sein Urteil und vollstreckt es.

Gotteslästerung

Gotteslästerung ist ein Anschlag auf Gott. Gott ist nicht einfach der Urgrund allen Seins oder ein abstraktes Weltprinzip. Gott ist eine Person – und nimmt alles persönlich. Er spielt nicht etwa die „beleidigte Leberwurst", aber er ist auch kein apathischer und gefühlloser Gott. Wenn Menschen ihn verhöhnen und lästern, wird er in seinem Innersten getroffen.

Gotteslästerung kann direkt oder indirekt geschehen. Bei Belsazar geschieht sie ganz direkt. Symbole, die für Gott stehen, die Gefäße aus dem Jerusalemer Tempel, werden entheiligt – um damit Gott selbst der Lächerlichkeit preiszugeben.

Gotteslästerung geht aber auch indirekt. Im Buch der Sprüche heißt es: „Wer dem Geringen Gewalt tut, lästert dessen Schöpfer; aber wer sich des Armen erbarmt, der ehrt Gott." (Spr.14,31). 2014 erklärte Nikolaus Schneider, damals Ratsvorsitzender der Evangelischen Kirche in Deutschland (EKD): „Antisemitismus ist Gotteslästerung." Heute müssen wir vielleicht sagen: „Menschen im Mittelmeer ertrinken lassen – weil man sie nicht in sein Land lassen will oder um andere davor abzuschrecken, sich in Nordafrika in ein Schlauchboot oder irgendeinen anderen ‚Seelenverkäufer' zu setzen – ist Gotteslästerung."

Und wieviel Unrecht geschieht sogar ausdrücklich „im Namen Gottes"? Im Namen Gottes wurden Menschen, die eine andere religiöse Überzeugung hatten, vor die „heilige (!) Inquisition" gezerrt. Wie viele Kriege sind bis heute im Namen Gottes geführt worden? Im Jahre 2001 ist das Wort „Gotteskrieger" zum „Unwort des Jahres" gewählt worden – zu Recht. Ähnlich problematisch ist es allerdings, dass dem Vorgehen gegen den Terrorismus durch den Begriff „Kreuzzug" ebenfalls eine religiöse Bedeutung gegeben wurde. Jeder Versuch, Gott für eigene Interessen und gegen den Mitmenschen zu missbrauchen, ist Gotteslästerung.

Die direkte oder indirekte Lästerung Gottes ist die „rote Linie", die niemand ungestraft überschreiten kann. Diese „rote Linie" erkennen wir vielleicht nicht immer auf den ersten Blick. Aber sie existiert. Schon das Wissen, dass es eine „rote Linie" gibt, hilft – weil wir uns dann alleine und gemeinsam darüber Gedanken machen, wo sie verläuft.

Es mag Menschen geben, die keine Grenzen kennen. Sie mögen sich für frei halten, sind es aber nicht. Nur wer seine Grenzen kennt und sie beachtet, ist wirklich frei.

6 An der Wahrheit festhalten – Widerstand leisten (Daniel 6)

(1) Und Darius aus Medien empfing das Reich, als er zweiundsechzig Jahre alt war. (2) Und es gefiel Darius, über das ganze Königreich hundertzwanzig Statthalter zu setzen. (3) Über sie setzte er drei Fürsten, von denen einer Daniel war. Ihnen sollten die Statthalter Rechenschaft ablegen, damit der König nicht zu Schaden komme. (4) Daniel aber übertraf alle Fürsten und Statthalter, denn es war ein überragender Geist in ihm. Darum dachte der König daran, ihn über das ganze Königreich zu setzen. (5) Da trachteten die Fürsten und Statthalter danach, an Daniel etwas zu finden, das gegen das Königreich gerichtet wäre. Aber sie konnten keinen Grund zur Anklage und kein Vergehen finden; denn er war treu, sodass man keine Schuld und kein Vergehen bei ihm finden konnte. (6) Da sprachen die Männer: Wir werden keinen Grund zur Anklage gegen Daniel finden, es sei denn wegen seiner Treue zum Gesetz seines Gottes. (7) Da kamen die Fürsten und Statthalter eilends vor den König gelaufen und sprachen zu ihm: Der König Darius lebe ewig! (8) Es haben die Fürsten des Königreichs, die Würdenträger, die Statthalter, die Räte und Befehlshaber alle gedacht, es sollte ein königlicher Befehl gegeben und ein strenges Gebot erlassen werden, dass jeder, der in dreißig Tagen etwas bitten wird von irgendeinem Gott oder Menschen außer von dir, dem König, allein, zu den Löwen in die Grube geworfen werden soll. (9) Darum, o König, wollest du ein solches Gebot ausgehen lassen und ein Schreiben aufsetzen, das nicht wieder geändert werden darf nach dem Gesetz der Meder und Perser, das niemand aufheben kann. (10) So ließ der König Darius das Schreiben und das Gebot aufsetzen.

(11) Als nun Daniel erfuhr, dass ein solches Gebot ergangen war, ging er hinein in sein Haus. Er hatte aber an seinem Obergemach offene Fenster nach Jerusalem, und er fiel dreimal am Tag auf seine Knie, betete, lobte und dankte seinem Gott, wie er es auch vorher zu tun pflegte. (12) Da kamen jene Männer eilends gelaufen und fanden Daniel, wie er betete und flehte vor seinem Gott. (13) Da traten sie vor den König und redeten mit ihm über das königliche Gebot: O König, hast du nicht ein Gebot erlassen, dass jeder, der in dreißig Tagen etwas bitten würde von irgendeinem Gott oder Menschen außer von dir, dem König, allein, zu den Löwen in die Grube geworfen werden solle? Der König antwortete und sprach: Das ist wahr nach dem Gesetz der Meder und Perser, das niemand aufheben kann. (14) Sie antworteten und sprachen vor dem König: Daniel, einer der Gefangenen aus Juda, der achtet weder dich noch dein Gebot, das du erlassen hast; denn er betet dreimal am Ta-

ge. *(15) Als der König das hörte, wurde er sehr betrübt und war darauf bedacht, Daniel zu retten, und mühte sich, bis die Sonne unterging, ihn zu befreien. (16) Aber die Männer kamen wieder zum König gelaufen und sprachen zu ihm: Du weißt doch, König, es ist das Gesetz der Meder und Perser, dass alle Gebote und Befehle, die der König beschließt, unverändert bleiben sollen. (17) Da befahl der König, Daniel herzubringen. Und sie warfen ihn zu den Löwen in die Grube. Der König aber sprach zu Daniel: Dein Gott, dem du ohne Unterlass dienst, der helfe dir! (18) Und sie brachten einen Stein, den legten sie auf die Öffnung der Grube; den versiegelte der König mit seinem eigenen Ring und mit dem Ringe seiner Mächtigen, damit nichts anderes mit Daniel geschähe.*

(19) Und der König ging weg in seinen Palast und fastete die Nacht über und ließ kein Essen vor sich bringen und konnte auch nicht schlafen. (20) Früh am Morgen, als der Tag anbrach, stand der König auf und ging eilends zur Löwengrube. (21) Und als er zur Grube kam, rief er Daniel mit angstvoller Stimme. Und der König sprach zu Daniel: Daniel, du Knecht des lebendigen Gottes, hat dich dein Gott, dem du ohne Unterlass dienst, auch erretten können von den Löwen? (22) Daniel aber redete mit dem König: Der König lebe ewig! (23) Mein Gott hat seinen Engel gesandt, der den Löwen den Rachen zugehalten hat, sodass sie mir kein Leid antun konnten; denn vor ihm bin ich unschuldig, und auch gegen dich, mein König, habe ich nichts Böses getan.

(24) Da wurde der König sehr froh und ließ Daniel aus der Grube herausziehen. Und sie zogen Daniel aus der Grube heraus, und man fand keine Verletzung an ihm; denn er hatte seinem Gott vertraut. (25) Da ließ der König die Männer, die Daniel verklagt hatten, holen und zu den Löwen in die Grube werfen samt ihren Kindern und Frauen. Und ehe sie den Boden erreichten, ergriffen die Löwen sie und zermalmten alle ihre Knochen.

(26) Da ließ der König Darius allen Völkern und Leuten aus so vielen verschiedenen Sprachen auf der ganzen Erde schreiben: Viel Friede zuvor! (27) Das ist mein Befehl, dass man überall in meinem ganzen Königreich den Gott Daniels fürchten und scheuen soll. Denn er ist ein lebendiger Gott, der ewig bleibt, und sein Reich ist unvergänglich, und seine Herrschaft hat kein Ende. (28) Er ist ein Retter und Nothelfer, und er tut Zeichen und Wunder im Himmel und auf Erden. Der hat Daniel von den Löwen errettet.

(29) Und Daniel hatte große Macht im Königreich des Darius und auch im Königreich des Kyrus von Persien.

Für Mahatma Gandhi ist Daniel einer der Größten in der Geschichte des passiven Widerstands.

„Satyagraha" nennt Gandhi seine Form des Widerstands. Dieser Begriff ist seine eigene Wortschöpfung. Zwei zusammengesetzte Worte: „Satya" und „Graha". „Satya" bedeutet „Wahrheit"; „Graha" heißt „an etwas festhalten". Macht zusammen: „an der Wahrheit festhalten".

An der Wahrheit festzuhalten heißt für Gandhi, ungerechte Gesetze bewusst zu übertreten – nicht durch Anwendung physischer Gewalt, sondern einfach dadurch, das Richtige zu tun.

1930 organisiert er einen „Salzmarsch". Indien ist britische Kolonie. Die Kolonialherren haben den Indern verboten, selbst Salz zu gewinnen, das doch so lebensnotwendig ist. Obendrein erheben sie eine Salzsteuer. Sie beträgt drei Tageslöhne eines armen Inders. Wenn wir das mal auf die heutige Situation umrechnen und vom Mindestlohn ausgehen, wären das mehr als 200 €.

Mit einer Gruppe von Anhängern zieht Gandhi von seinem Wohnort Richtung Westküste. 400 Kilometer. 24 Tage sind sie unterwegs. Unterwegs werden sie abschnittweise von weiteren Sympathisanten begleitet. Viele schließen sich auch ganz dem Marsch an. Als Gandhi und seine Leute das Meer erreichen, sind einige Tausend Menschen mit dabei.

Dort wird erst mal gebetet – eine ganze Nacht lang. Am nächsten Morgen geht Gandhi im Meer schwimmen. Beim Rückweg an den Strand nimmt er einen Klumpen Salz in die Hand und hebt ihn hoch.

Das ist das Zeichen. Nun gehen auch die anderen zum Meer und gewinnen ihr Salz selbst. Und die Aktion greift weiter um sich – an allen Küsten Indiens. Überall wird Salz gesammelt, gefiltert, gesiedet und unversteuert weiter verkauft.

Mehr als 50.000 Menschen werden verhaftet, auch Gandhi selbst. Viele werden misshandelt; Todesopfer sind zu beklagen. Aber sie schlagen nicht zurück. Unter der Führung Gandhis halten sie an der Wahrheit fest, bleiben gewaltfrei.

Ganz ähnlich war das bei Daniel. Gandhi hat das richtig verstanden: Es war nicht dumm von Daniel, auch weiterhin so zu beten, dass andere es sehen – wenn sie es denn sehen wollen. Daniel hat – gegen ein ungerechtes Gesetz – an der Wahrheit festgehalten.

Gandhi schreibt: „Als Daniel seine Türen [gemeint sind die Fenster] trotz der Gesetze der Meder und Perser, die sein Gewissen beleidigten, öffnete, erlitt er die Strafe für seinen Ungehorsam und bot Satyagraha in seiner reinsten Form an."[1]

Die Intrige

Die Erzählung beginnt mit dem Bericht über eine Verwaltungsreform. König Darius aus Medien, der neue Herrscher des riesigen Weltreiches, setzt 120 „Statthalter" ein. Über diesen Provinzgouverneuren stehen „drei Fürsten".

Die Statthalter sind den Fürsten gegenüber rechenschaftspflichtig. So soll gewährleistet werden, dass der König nicht „zu Schaden" kommt. Gemeint ist vermutlich, dass der König bei Steuern und Abgaben nicht betrogen wird.

Einer der drei Fürsten ist Daniel. Aber er ist nicht wie die anderen. Unter allen Fürsten und Statthaltern ragt er hervor. In ihm ist „ein überragender Geist". Er kann die Dinge richtig einschätzen und weiß, was zu tun ist. Auch bei der Umsetzung hat er „ein gutes Händchen". Dem neuen König ist das schnell aufgefallen. Deshalb denkt er daran, Daniel „über das ganze Königreich zu setzen" – quasi als eine Art Premierminister seiner Majestät.

Den anderen Fürsten und Statthaltern gefällt das nicht. Das ist immer so: Wenn jemand befördert werden soll, sind andere neidisch. Sie fühlen sich übergangen oder zurückgesetzt. In diesem Fall kommt vermutlich noch hinzu: Der, den der König „über das ganze Königreich setzen" will, ist ein Fremder. Er ist kein Babylonier. Er ist kein Meder. Er ist kein Perser. Er ist einer von den „Gefangenen aus Juda" (5,13). Und so einer soll Premierminister werden?

---

[1] William W. Emilsen (Ed.), Gandhi's Bible, Dehli 2009, 26.

Die Fürsten und Statthalter wollen das verhindern. Deshalb suchen sie nach einer „Leiche im Keller". Aber Daniel ist „treu". Sie finden nichts. Sie finden „keinen Grund zur Anklage und kein Vergehen". Daniel wirtschaftet nicht in die eigene Tasche. Er ist nicht korrupt. Alles in Ordnung.

Sie merken, dass sie nur dann etwas gegen Daniel ausrichten können, wenn sie im „Gesetz seines Gottes" etwas finden, was sie gegen ihn verwenden können. Und tatsächlich werden sie dort fündig. Schon beim ersten und zweiten Gebot:

> „Ich bin der HERR, dein Gott, der ich dich aus Ägyptenland, aus der Knechtschaft, geführt habe. Du sollst keine anderen Götter haben neben mir.
>
> Du sollst dir kein Bildnis noch irgendein Gleichnis machen, weder von dem, was oben im Himmel, noch von dem, was unten auf Erden, noch von dem, was im Wasser unter der Erde ist: Bete sie nicht an und diene ihnen nicht! …" (2.Mos.20,2-6).

Sie rennen zum König, wünschen ihm ewiges Leben und kommen anschließend zur Sache. Sie berichten ihm von einem Vorschlag, den sie auf einer gemeinsamen Sitzung der Fürsten, Würdenträger, Statthalter, Räte und Befehlshaber erarbeitet haben. Sie alle sind der Meinung „es sollte ein königlicher Befehl gegeben und ein strenges Gebot erlassen werden, dass jeder, der in dreißig Tagen etwas bitten wird von irgendeinem Gott oder Menschen außer von dir, dem König, allein, zu den Löwen in die Grube geworfen werden soll".

Das ist nicht so absurd, wie es uns vielleicht vorkommt. Rein politisch betrachtet, ist das gar nicht dumm. König Darius, der Meder, hat gerade erst die Macht übernommen und sitzt noch nicht fest im Sattel. Überall mögliche Rivalen. Auch Götter sind Rivalen – schon weil es sich um Staatsgötter handelt. Wer die Götter Babylons, der gerade besiegten Weltmacht, anbetet, ist politisch verdächtig. Und wer einen anderen Menschen um einen Gefallen bittet, zeigt damit, dass er ihn für wichtig und einflussreich hält. Wenn sich also jemand an einen Gott oder einen bestimmten Menschen wendet, kann bereits das subversiv sein.

Der König ahnt nicht, was wirklich dahinter steht. Er lässt „das Schreiben und das Gebot aufsetzen".

Ein solches Verbot, so die Überlegung der Fürsten und Statthalter, ist unveränderlich. So ist das nun einmal mit den Gesetzen der Meder und Perser. Wenn der König es erlassen hat, gilt es. Dann kann auch der König selbst nichts mehr daran ändern. Es muss umgesetzt werden – auch wenn das bedeutet, dass etwas geschieht, was der König mit diesem Gesetz gar nicht beabsichtigt hat.

Die Sache ist natürlich erst mal ganz an Daniel vorbei gegangen. Er erfährt davon, als die Sache gelaufen bzw. das Gesetz erlassen ist. Was nun?

„Hier kniee ich – ich kann nicht anders!"

Daniel geht in sein Haus. Im Obergeschoss hat sein Haus *„offene Fenster nach Jerusalem"*. Dort kniet er dreimal am Tag zum Gebet nieder.

König Salomo hatte bereits in seinem Gebet zur Einweihung des Jerusalemer Tempels davon gesprochen, dass das Volk Israel im Exil Richtung Jerusalem beten würde:

> *„Wenn sie an dir sündigen werden – denn es gibt keinen Menschen, der nicht sündigt – und du zürnst ihnen und gibst sie dahin vor ihren Feinden, dass sie sie gefangen führen in das Land der Feinde, fern oder nahe, und sie nehmen sich's zu Herzen im Lande, in dem sie gefangen sind, und bekehren sich und flehen zu dir im Lande ihrer Gefangenschaft und sprechen: Wir haben gesündigt und übel getan und sind gottlos gewesen, und bekehren sich zu dir von ganzem Herzen und von ganzer Seele im Lande ihrer Feinde, die sie weggeführt haben, und beten zu dir nach ihrem Lande hin, das du ihren Vätern gegeben hast, nach der Stadt hin, die du erwählt hast, und nach dem Hause hin, das ich deinem Namen gebaut habe: so wollest du ihr Gebet und Flehen hören im Himmel, an dem Ort, wo du wohnst, und ihnen Recht schaffen."* (1.Kön.8,46-49).

Daniel betet dreimal am Tag auf den Knien Richtung Jerusalem. Und dabei bleibt er, Verbot hin oder her. Er hält an der Wahrheit fest. Er praktiziert Satyagraha.

Die Falle schnappt zu

Das hat natürlich Folgen. Seine Gegner ertappen ihn in flagranti beim Gebet. Anschließend gehen sie zum König. Sie rücken nicht sofort mit der Sprache heraus. Erst mal erinnern sie ihn an sein Gebot: *„O König, hast du nicht ein Gebot erlassen, dass jeder, der in dreißig Tagen etwas bitten würde von irgendeinem Gott oder Menschen außer von dir, dem König, allein, zu den Löwen in die Grube geworfen werden solle?"*

Der König ahnt noch immer nicht, was hier gespielt wird, und antwortet ganz unbedarft: *„Das ist wahr nach dem Gesetz der Meder und Perser, das niemand aufheben kann."*

Dann aber lassen sie die Katze aus dem Sack: *„Daniel, einer der Gefangenen aus Juda, der achtet weder dich noch dein Gebot, das du erlassen hast; denn er betet dreimal am Tage."*

Jetzt erst bemerkt der König, was los ist. Er ist traurig und wütend. Er überlegt hin und her, wie er Daniel retten kann. Aber die Fürsten und Statthalter erinnern ihn mit Nachdruck daran: *„Du weißt doch, König, es ist das Gesetz der Meder und Perser, dass alle Gebote und Befehle, die der König beschließt, unverändert bleiben sollen."*

Schließlich bleibt dem König nichts anderes übrig, als nach dem von ihm selbst erlassenen Gesetz zu handeln. Er lässt Daniel bringen und in die Löwengrube werfen. Unmittelbar vorher wendet er sich noch einmal an Daniel. Er wünscht ihm, dass sein Gott, dem er *„ohne Unterlass"* dient, ihm hilft. Aber mehr kann der König nicht tun. Die Grube wird mit einem Stein verschlossen und mit dem Siegelring des Königs und den Ringen *„seiner Mächtigen"* versiegelt, damit kein Mensch mehr etwas daran ändern kann.

König Darius schlägt die ganze Sache auf den Magen. Ihm ist der Appetit vergangen. Er verzichtet auf das allabendliche Festgelage. Er fastet. Und er hat eine schlaflose Nacht.

Treue wird belohnt

Im Morgengrauen begibt er sich zur Löwengrube. Die Nacht oder der frühe Morgen ist nach biblischer Auffassung der bevorzugte Zeitpunkt für Gottes

Eingreifen. So heißt es in Psalm 46,6: *„Gott ist bei ihr [der Stadt Gottes] drinnen, darum wird sie fest bleiben; Gott hilft ihr früh am Morgen."*

Der König ruft nach Daniel. Er fragt ihn, ob sein Gott, der „lebendige Gott", ihn bewahrt hat. Und tatsächlich: Daniel antwortet. Er erklärt dem König: *„Mein Gott hat seinen Engel gesandt, der den Löwen den Rachen zugehalten hat, sodass sie mir kein Leid antun konnten ..."*

Und er nennt den Grund, warum Gott ihn auf diese Weise gerettet hat: *„denn vor ihm bin ich unschuldig"*. Das ist eine wichtige Botschaft für alle, die auch dann, wenn es eng wird, „an der Wahrheit festhalten": Wer mit Gott im Reinen ist, wird gerettet – spätestens bei der Auferstehung der Toten.

Anschließend erklärt Daniel dem König, dass er auch vor ihm *„nichts Böses getan"* hat. Dabei hat Daniel ja ganz offensichtlich ein Verbot des Königs übertreten. Aber diese Gesetzesübertretung ist in Wirklichkeit kein Verbrechen, weil Gottes Gesetz über allen anderen Gesetzen steht. Entscheidend ist, an der Wahrheit festzuhalten und ungerechte Gesetze notfalls bewusst zu übertreten.

Der König ist glücklich, dass Daniel die Löwengrube heil überstanden hat. Er lässt ihn herausziehen. Man stellt fest, dass er völlig unverletzt ist. Als Grund für seine Bewahrung wird nun Daniels Gottvertrauen genannt. Dieses Vertrauen hat sich daran gezeigt, dass er ohne große Bedenken treu zu seinem Glauben stand, seine Gebete wie immer verrichtet und alles weitere in Gottes Hand gelegt hat.

Daniel wird aus der Löwengrube befreit. Seine Gegner aber erfahren das Schicksal, das sie in ihrer Bosheit Daniel zugedacht haben. König Darius lässt sie mitsamt ihren Frauen und Kindern in die Grube werfen. Augenblicklich werden sie von den Löwen angefallen, getötet und restlos vernichtet.

Nachdem König Darius Zeuge dieses Wunders geworden ist, nachdem er erlebt hat, dass Gott diejenigen, die ihm auch bei Gefahr für Leib und Leben treu bleiben, rettet, wendet er sich – wie schon Nebukadnezar (3,31) – mit einem ganz besonderen „Befehl" an alle Menschen in seinem Reich: *„Das ist mein Befehl, dass man überall in meinem ganzen Königreich den Gott Daniels fürchten und scheuen soll."*

Ein solcher Befehl verlangt nach einer besonderen Begründung – auch wenn er vom mächtigsten Mann der Welt kommt. Die Begründung lautet: Der *„Gott Daniels ... ist ein lebendiger Gott, der ewig bleibt, und sein Reich ist unvergänglich, und seine Herrschaft hat kein Ende."* Und auch diese Begründung wird begründet: Der *„Gott Daniels ... ist ein Retter und Nothelfer, und er tut Zeichen und Wunder im Himmel und auf Erden. Der hat Daniel von den Löwen errettet."*

Gott rettet. Er tut das, weil er in Ewigkeit regiert. Er ist zu *„fürchten und zu scheuen"*.

Alle, die an der Wahrheit festhalten, können auf Gott vertrauen und sich von ihm dazu ermutigen lassen, gegen Ungerechtigkeit aufzustehen und treu zu dem zu stehen, was Gottes Wort sagt – auch und gerade in schwierigen Zeiten.

Zivilcourage heute

„Satyagraha" – an der Wahrheit festhalten. Wir leben in einer Gesellschaft, in der jeder zum Gott und am Tag seiner Wahl beten kann. Und im Zusammenhang mit dem Salz gibt es auch keinen Grund, bewusst gegen ungerechte Gesetze zu verstoßen. Was heißt „Satyagraha" für uns?

Wir leben auch nicht in einem Obrigkeitsstaat. Bei uns gilt: „Alle Staatsgewalt geht vom Volke aus." Wir können mitgestalten. Dafür ist oft langer Atem nötig. Unterschiedliche Auffassungen und Interessen prallen aufeinander. Auch wenn unser Anliegen noch so gut und gerecht ist, haben wir keine Garantie dafür, dass wir uns damit durchsetzen. Aber: wir können mitgestalten. Wenn wir das tun, haben wir die Chance, an der Wahrheit festzuhalten – also uns konsequent an Gottes Wort zu orientieren und die Sache nicht nur „pragmatisch" zu betrachten.

Augenblicklich steht die „Flüchtlingspolitik" im Mittelpunkt der Aufmerksamkeit. Das ist durchaus ein Testfall für unseren Glauben. Der reformierte Bund, der in der Tradition von Johannes Calvin steht, hat 2016 dazu erklärt: „Von den in Europa eintreffenden Flüchtenden wird die Kirche unmittelbar auf ihr Wesen und ihre Bestimmung angesprochen. Es handelt sich nicht um eine die Kirche nur von außen treffende ethische Herausforderung.

Vielmehr steht in dieser Frage für die Kirche immer auch ihr eigenes Kirchesein auf dem Spiel. Denn die Kirche entdeckt nicht erst in dem Verweis auf die allgemeinen Menschenrechte ihre besondere Verantwortung, sondern sie sieht sich in der Treue zur Wahrnehmung ihrer eigenen Berufung und Sendung zu einem verbindlichen und nachhaltigen Engagement gerufen."[1] Und natürlich ist es mit einer kirchlichen Verlautbarung, so wichtig sie ist, nicht getan.

Und was ist zu tun? Es ist schon viel gewonnen, wenn wir Christen nicht in Stammtischparolen einstimmen, sondern ihnen etwas entgegensetzen, weil wir an einen Gott glauben, der alle Menschen liebt und sich in seinem Sohn Jesus Christus für alle aufgeopfert hat. Und wenn Christen sich aufgrund dieser Überzeugung für Menschen einsetzen, deren Leben bedroht war und die deshalb zu uns geflüchtet sind, ist das noch besser. Gesetze muss man dabei nicht übertreten. Allerdings kann es auch in unserem Rechtsstaat im Einzelfall nötig sein kann, Geflüchtete, die abgeschoben werden sollen, obwohl sie in ihrem Heimatland von Verfolgung droht, durch Kirchenasyl oder ähnliche Maßnahmen zu schützen. An der Wahrheit festhalten – auch wenn man dafür als „Gutmensch" beschimpft wird. Wohin sind wir gekommen, dass „Gutmensch" als Schimpfwort gilt?

„Satyagraha" zeigt sich aber nicht nur in diesem Bereich. Wir stehen vor unzähligen Herausforderungen: Wirtschaftspolitik, Umweltpolitik, Friedenspolitik, Sozialpolitik … Überall braucht es Menschen, die bei der Wahrheit bleiben, die die Sache nicht nur pragmatisch angehen, sondern danach fragen, was von Gott her gut und richtig ist und ihre Schritte daran ausrichten – auch in ihrem ganz persönlichen Umfeld, das sie direkt beeinflussen können.

Jesus ruft uns heute zu: „Ihr hört, dass gesagt wird: Haltet euch heraus. Zeigt euch ahnungslos. Verderbt es mit keiner Partei. Ich aber sage euch: Mischt euch ein. Schärft den Blick für das Unrecht. Nehmt Partei für die, um die keine Partei sich kümmert."[2]

---

[1] https://www.reformiert-info.de/daten/File/Upload/doc-15299-1.pdf (Zugriff 21.11.19)
[2] Wolfgang Dietrich, Gegensätze. Antithesen im Sinne Jesu, Eschbach 1984. 38.

7   Weltmächte vor Gericht (Daniel 7)

(1) Im ersten Jahr Belsazars, des Königs von Babel, hatte Daniel einen Traum und Gesichte auf seinem Bett; und er schrieb den Traum auf: (2) Ich, Daniel, sah ein Gesicht in der Nacht, und siehe, die vier Winde unter dem Himmel wühlten das große Meer auf. (3) Und vier große Tiere stiegen herauf aus dem Meer, ein jedes anders als das andere. (4) Das erste war wie ein Löwe und hatte Flügel wie ein Adler. Ich sah, wie ihm die Flügel ausgerissen wurden. Und es wurde von der Erde aufgehoben und auf die Füße gestellt wie ein Mensch, und es wurde ihm ein menschliches Herz gegeben. (5) Und siehe, ein anderes Tier, das zweite, war gleich einem Bären und war auf der einen Seite aufgerichtet und hatte in seinem Maul zwischen seinen Zähnen drei Rippen. Und man sprach zu ihm: Steh auf und friss viel Fleisch! (6) Danach sah ich, und siehe, ein anderes Tier, gleich einem Panther, das hatte vier Flügel wie ein Vogel auf seinem Rücken und das Tier hatte vier Köpfe, und ihm wurde Herrschergewalt gegeben. (7) Danach sah ich in diesem Gesicht in der Nacht, und siehe, ein viertes Tier war furchtbar und schrecklich und sehr stark und hatte große eiserne Zähne, fraß um sich und zermalmte, und was übrig blieb, zertrat es mit seinen Füßen. Es war auch ganz anders als die vorigen Tiere und hatte zehn Hörner. (8) Als ich aber auf die Hörner achtgab, siehe, da brach ein anderes kleines Horn zwischen ihnen hervor, vor dem drei der vorigen Hörner ausgerissen wurden. Und siehe, das Horn hatte Augen wie Menschenaugen und ein Maul; das redete große Dinge.
(9) Da sah ich: Throne wurden aufgestellt, und einer, der uralt war, setzte sich. Sein Kleid war weiß wie Schnee und das Haar auf seinem Haupt wie reine Wolle; Feuerflammen waren sein Thron und dessen Räder loderndes Feuer. (10) Da ergoss sich ein langer feuriger Strom und brach vor ihm hervor. Tausendmal Tausende dienten ihm, und zehntausendmal Zehntausende standen vor ihm. Das Gericht wurde gehalten und die Bücher wurden aufgetan. (11) Ich sah auf um der großen Reden willen, die das Horn redete, und ich sah, wie das Tier getötet wurde und sein Leib umkam und in die Feuerflammen geworfen wurde. (12) Und mit der Macht der andern Tiere war es auch aus; denn es war ihnen Zeit und Stunde bestimmt, wie lang ein jedes leben sollte.
(13) Ich sah in diesem Gesicht in der Nacht, und siehe, es kam einer mit den Wolken des Himmels wie eines Menschen Sohn und gelangte zu dem, der uralt war, und wurde vor ihn gebracht. (14) Ihm wurde gegeben Macht, Ehre und Reich, dass ihm

alle Völker und Leute aus so vielen verschiedenen Sprachen dienen sollten. Seine Macht ist ewig und vergeht nicht, und sein Reich hat kein Ende.
(15) Ich, Daniel, war entsetzt, und dies Gesicht erschreckte mich. (16) Und ich ging zu einem von denen, die dastanden, und bat ihn, dass er mir über das alles Genaueres berichtete. Und er redete mit mir und sagte mir, was es bedeutete. (17) Diese vier großen Tiere sind vier Königreiche, die auf Erden kommen werden. (18) Aber die Heiligen des Höchsten werden das Reich empfangen und werden's immer und ewig besitzen. (19) Danach hätte ich gerne Genaueres gewusst über das vierte Tier, das ganz anders war als alle andern, ganz furchtbar, mit eisernen Zähnen und ehernen Klauen, das um sich fraß und zermalmte und mit seinen Füßen zertrat, was übrig blieb; (20) und über die zehn Hörner auf seinem Haupt und über das andere Horn, das hervorbrach, vor dem drei ausfielen; und es hatte Augen und ein Maul, das große Dinge redete, und war größer als die Hörner, die neben ihm waren. (21) Und ich sah das Horn kämpfen gegen die Heiligen, und es behielt den Sieg über sie, (22) bis der kam, der uralt war, und Recht schuf den Heiligen des Höchsten und bis die Zeit kam, dass die Heiligen das Reich empfingen. (23) Er sprach: Das vierte Tier wird das vierte Königreich auf Erden sein; das wird ganz anders sein als alle andern Königreiche; es wird alle Länder fressen, zertreten und zermalmen. (24) Die zehn Hörner bedeuten zehn Könige, die aus diesem Königreich hervorgehen werden. Nach ihnen aber wird ein anderer aufkommen, der wird ganz anders sein als die vorigen und wird drei Könige stürzen. (25) Er wird den Höchsten lästern und die Heiligen des Höchsten vernichten und wird sich unterstehen, Festzeiten und Gesetz zu ändern. Sie werden in seine Hand gegeben werden eine Zeit und zwei Zeiten und eine halbe Zeit. (26) Danach wird das Gericht gehalten werden; dann wird ihm seine Macht genommen und ganz und gar vernichtet werden. (27) Aber das Reich und die Macht und die Gewalt über die Königreiche unter dem ganzen Himmel wird dem Volk der Heiligen des Höchsten gegeben werden, dessen Reich ewig ist, und alle Mächte werden ihm dienen und gehorchen. (28) Das war das Ende der Rede. Aber ich, Daniel, wurde sehr beunruhigt in meinen Gedanken und jede Farbe war aus meinem Antlitz gewichen; doch behielt ich die Rede in meinem Herzen.

„Hätte ein britischer Soldat, der Hitler antrifft, die Pflicht, ihn zu erschießen oder ihn lebend zu fangen?" Ivor Thomas, Abgeordneter der Labour-Partei, stellt diese Frage im März 1945, kurz vor Ende des 2. Weltkriegs.

Die Frage ist an Außenminister Anthony Eden gerichtet. Der antwortet,– ganz diplomatisch und typisch britisch, mit einem Scherz: „Ich bin absolut geneigt, diese Entscheidung völlig dem britischen Soldaten zu überlassen." Das Protokoll registriert Gelächter und Beifall.[1]

Dabei findet Anthony Eden diese Frage gar nicht so witzig. Zwei Jahre vorher ist im Londoner St. James Palast die Idee entstanden, die führenden Nazis nicht einfach an die Wand zu stellen, sondern vor Gericht.

Die Begeisterung der Alliierten über diese Idee hält sich in Grenzen. Warum? Erst mal einfach deshalb, weil sie neu ist. Noch nie stand ein Politiker wegen seiner Außen- bzw. Kriegspolitik vor einem Gericht, das nach allgemeinen Regeln des Völkerrechts arbeitet.

Aber diese Idee ist nicht nur neu, sondern auch kompliziert. Es gibt kein allgemein anerkanntes Gesetzbuch des Völkerrechts. Aber vor allem: Wenn man einmal damit anfängt, Politiker wegen ihrer Außen- bzw. Kriegspolitik vor Gericht zu stellen, können die Ankläger von heute die Angeklagten von morgen sein. Nach dem Maß, mit dem sie die Angeklagten heute messen, werden sie schon morgen selbst gemessen. Das ist es doch besser, man lässt es so, wie es immer war. Die Siegermächte erschießen die Führer der Besiegten oder schicken sie ins Exil.

Aber die Idee ist nicht mehr aus der Welt zu schaffen – auch deshalb, weil die Schuld Nazi-Deutschlands so schwer wiegt und so eindeutig ist. Und so beginnt am 20. November 1945 in Nürnberg vor einem internationalen Militärgerichtshof der Prozess gegen die Hauptkriegsverbrecher.

Treibende Kraft ist der amerikanische Chefankläger Robert Jackson. Ihm geht es nicht nur darum, dass die Verantwortlichen für die Gräueltaten des 2. Weltkriegs verurteilt werden. Ihm geht es um viel mehr. Ihm geht es um die Ordnung der Welt nach den Grundsätzen des Rechts.

Seine erste Rede als Ankläger beginnt er mit den Worten: „Die Untaten, die wir zu verurteilen und zu bestrafen suchen, waren so ausgeklügelt, so

---

[1] Thomas Darnstädt, Nürnberg. Menschheitsverbrechen vor Gericht, München 2015, 16.

böse und von so verwüstender Wirkung, dass die menschliche Zivilisation es nicht dulden kann, sie unbeachtet zu lassen ..."[1]

Der Nürnberger Prozess ist absolutes Neuland und deshalb eine ungeheure Herausforderung. Nicht alles läuft glatt. Man macht Fehler, weil man sich auf unbekanntem Gelände bewegt. Es gibt Gegner, auf deren Bedenken man eingehen muss. Es kommt zu Kompromissen – auch zu faulen Kompromissen. Aber die alte Idee „Krieg ist Krieg und Recht ist Recht" bekommt einen Knacks. Es beginnt die Ordnung der Welt nach den Grundsätzen des Rechts.

Um ein Gericht über Staaten und ihre Führer geht es auch im siebten Kapitel des Buches Daniel. Bevor ein neues Zeitalter beginnen kann, müssen die gottfeindlichen Mächte vor Gericht. Sie müssen vor den Richterstuhl Gottes im Himmel erscheinen und dort ihr Urteil empfangen.

Imperialistische Mächte

Erneut ein Traum. Diesmal träumt Daniel selbst und versteht nicht, was er da geträumt hat. Diesmal braucht er selbst eine Deutung. Ein Engel ist so nett.

Daniel sieht „*das große Meer*". Eigentlich hat der Blick auf's Meer ja etwas Beruhigendes. Hier nicht. Es ist Sturm. Die Wellen schlagen hoch. Und vor allem: Vier Tiere steigen aus dem Meer. Keine normalen Tiere. Große Tiere, merkwürdige Tiere, gruselige Tiere.

Noch weiß er nicht, was das zu bedeuten hat. Der Engel wird ihm erklären: „*Diese vier großen Tiere sind vier Königreiche, die auf Erden kommen werden.*" Für Daniel sehen die Tiere so ähnlich wie Raubtiere aus, die er kennt – nur noch viel schrecklicher. Raubtiere als Symbole für Königreiche, für Weltreiche, Imperien.

Ein Löwe mit Adlerflügeln. Ein Bär, der sich zum Kampf aufrichtet und aus dessen Maul noch drei Rippen ragen – ein Teil der Beute, die er gerade

---

[1] Darnstädt, a.a.O., 147.

verschlingt. Ein Panther mit vier Flügeln und vier Köpfen, dem *„Herrscher-gewalt gegeben"* wird.

Und dann das vierte Tier: Es ist *„furchtbar und schrecklich und sehr stark".* Es hat *„große eiserne Zähne".* Mit diesen Zähnen frisst es nur so um sich und zermalmt alles, was ihm vor's Maul kommt. Was von der Beute übrig bleibt, zertritt es mit seinen Füßen. Der Engel muss gar nicht viel erklären: *„Das vierte Tier wird das vierte Königreich auf Erden sein; das wird ganz anders sein als alle andern Königreiche; es wird alle Länder fressen, zertreten und zermalmen."*

Dieses Ungeheuer hat *„zehn Hörner".* Dann aber sieht Daniel, dass zwischen den zehn Hörnern *„ein anderes kleines Horn"* hervorbricht. Dafür werden *„drei der vorigen Hörner ausgerissen".* Dieses Horn ist noch mal etwas Besonderes: Es hat *„Augen wie Menschenaugen"* und ein Maul, das *„große Dinge"* redet.

Was hat das zu bedeuten? Der Engel sagt: *„Die zehn Hörner bedeuten zehn Könige, die aus diesem Königreich hervorgehen werden."* So weit, so gut. *„Nach ihnen aber wird ein anderer aufkommen, der wird ganz anders sein als die vorigen und wird drei Könige stürzen. Er wird den Höchsten lästern und die Heiligen des Höchsten vernichten und wird sich unterstehen, Festzeiten und Gesetz zu ändern. Sie werden in seine Hand gegeben werden eine Zeit und zwei Zeiten und eine halbe Zeit."*

Zunächst geht es um Gotteslästerung, nicht nur um Angeberei. Der König *„wird den Höchsten lästern …"* Das 11. Kapitel spricht von einem König, der *„Ungeheuerliches"* gegen Gott reden wird (11,33).

Die *„Heiligen des Höchsten"* sind ihm natürlich auch ein Dorn im Auge. Er bekämpft *„die Heiligen"* (7,21) – sogar mit Erfolg. Glücklicherweise nicht für immer, aber für dreieinhalb Zeiten, was an den Zeitabschnitt im Wirken des Propheten Elia erinnert, in dem es in Israel nicht regnete und Elia sich aufgrund der Nachstellungen des Königs verstecken musste (Lk.4,25; Jak.5,17).

Und er *„wird sich unterstehen, Festzeiten und Gesetz"* zu ändern. Genauer gesagt: Er wird es versuchen. So übersetzt es auch die Elberfelder Bibel: *„Er wird danach trachten, Festzeiten und Gesetz zu ändern."*

Das *„Gesetz"* meint einfach alle Anordnungen Gottes. Es geht nicht speziell um die Zehn Gebote.

Was sind die „*Festzeiten*"? Das aramäische Wort, das in der Lutherbibel mit „*Festzeiten*" übersetzt wird, bedeutet eigentlich so viel wie „*festgesetzte Zeiten*" oder „*Fristen*". Davon, dass sie geändert werden, ist nur noch in Kapitel 2 des Buches Daniel die Rede. Dort erklärt Daniel König Nebukadnezar: „*Gott ändert Zeit und Stunde; er setzt Könige ab und setzt Könige ein …*" (2,21). Es geht also gar nicht um Festzeiten – es geht um Fristen, die Gott den jeweiligen Königen für ihre Herrschaft eingeräumt hat. Wenn das kleine Horn daran etwas ändern will, versucht es, an Gottes Stelle den Lauf der Geschichte zu bestimmen.

So viel zu den Tieren – zu den imperialistischen Mächten, die in ihrem Machtstreben unersättlich sind, die für Gott nur Hohn und Spott übrig haben, die Gottes Volk unterdrücken und versuchen, den Lauf der Weltgeschichte zu bestimmen.

Der himmlische Gerichtshof

Glücklicherweise ist das nicht alles. Dann wäre die Vision Daniels nichts als ein Alptraum. Glücklicherweise nimmt der Traum eine entscheidende Wendung.

Daniel darf einen Blick in den Himmel werfen. Dort sieht er, dass „*Throne … aufgestellt*" werden. Dann kommt einer, der „*uralt*" ist und setzt sich. Sein Kleid ist „*weiß wie Schnee*" und seine Haare sind „*wie reine Wolle*". Gemeint ist Gott. Wir müssen uns nicht an dieser Beschreibung Gottes aufhängen. Entscheidend ist das Wort „*wie*". Es handelt sich um einen unvollkommenen Vergleich. Und dass Gott „*uralt*" ist, heißt sowieso nichts anderes, als dass er von Anfang an da war, ja bereits vor allen Anfängen.

Gott nimmt auf einem der Throne Platz. Und was passiert dann? Es wird „*Gericht … gehalten*"! Der himmlische Strafgerichtshof nimmt seine Arbeit auf. „*Die Bücher*" werden „*aufgetan*" – so wie es sich bei Gericht gehört. Am Ende steht die Vollstreckung des Todesurteils – so wie damals in Nürnberg:

Daniel berichtet: „*Ich sah auf um der großen Reden willen, die das Horn redete, und ich sah, wie das Tier getötet wurde und sein Leib umkam und in die Feuerflammen geworfen wurde. Und mit der Macht der andern Tiere war es auch aus …*" Und so erklärt es auch der Engel in seiner Deutung: „*Danach wird das Gericht gehalten werden; dann wird ihm [dem kleinen Horn] seine Macht genommen und [es] ganz und gar vernichtet werden."*

Dass im Himmel Gericht gehalten wird, ist keine Sache, die uns Angst machen sollte. Dass im Himmel Gericht gehalten wird, ist eine gute Nachricht. Die Mächtigen, die sich über Gott erheben und für ihre Interessen über Leichen gehen, kommen nicht einfach so davon. Alles Unrecht wird aufgearbeitet und das Urteil vollstreckt.

Denn nur dann kann etwas ganz Neues beginnen. Und tatsächlich: Nach der Urteilsvollstreckung kommt es zu einem Herrschaftswechsel. Daniel berichtet: *„Ich sah in diesem Gesicht in der Nacht, und siehe, es kam einer mit den Wolken des Himmels wie eines Menschen Sohn und gelangte zu dem, der uralt war, und wurde vor ihn gebracht. Ihm wurde gegeben Macht, Ehre und Reich, dass ihm alle Völker und Leute aus so vielen verschiedenen Sprachen dienen sollten. Seine Macht ist ewig und vergeht nicht, und sein Reich hat kein Ende."*

Eine Audienz vor dem Thron Gottes. Jemand, der aussieht *„wie eines Menschen Sohn"*, wird zu Gott gebracht. In den Evangelien ist später vom „Menschensohn" die Rede. Jesus bezieht diesen Begriff auf sich, um mit seiner Hilfe auf den Punkt zu bringen, was es mit seiner Person und seinem Werk auf sich hat. Gott gibt ihm *„Macht, Ehre und Reich"*. Alle Menschen müssen ihm dienen und seine Herrschaft wird ewig dauern.

Ganz ähnlich heißt es in der Erklärung des Engels: *„Aber das Reich und die Macht und die Gewalt über die Königreiche unter dem ganzen Himmel wird dem Volk der Heiligen des Höchsten – dem Volk Gottes – gegeben werden, dessen Reich ewig ist, und alle Mächte werden ihm dienen und gehorchen."*

Das Reich wird dem *„Menschensohn"* bzw. dem *„Volk der Heiligen des Höchsten"* gegeben. Beide gehören zusammen. Der Menschensohn will nicht für sich selbst regieren, sondern zusammen mit denen, die zu ihm gehören.

Die Machthaber, die Gott gelästert, seine Ordnung missachtet und sein Volk mit Füßen getreten haben, werden vom Stuhl gestoßen. Und diejenigen, die „in der Achtung der Welt klein dastehen, welche gehasst, geschmäht, verfolgt und ausgestoßen werden; denjenigen von denen man am wenigsten erwartete, dass sich jemals ihre Hoffnungen verwirklichen würden, diese werden das Reich Gottes einnehmen und es für immer und ewig besitzen."[1]

Imperialistische Mächte erheben sich über Gott und bekämpfen die Gläubigen. Aber Gott hält Gericht über sie und übergibt die Herrschaft für immer an den *„Menschensohn"* und an sein Volk.

Ein Gericht mit Zukunft

Die Ordnung der Welt nach den Grundsätzen des Rechts. Was in Nürnberg durchaus verheißungsvoll beginnt, wird im „kalten Krieg", der schon kurze Zeit später alles bestimmt, schnell an den Rand gedrückt. Während die Urteile gebunden und mit Goldprägung versehen werden, wird im amerikanischen Verteidigungsministerium bereits über die Logik des Atomkriegs nachgedacht. Ergebnis: Nicht das Recht, sondern die Macht ist entscheidend. Der Besitz der Atombombe ist ungleich wichtiger als alles Gerede über Gerechtigkeit oder Menschenrechte.

Aber Anfang der 90er Jahre ist der „kalte Krieg" zu Ende. Und es kommt zum Krieg auf dem Balkan – zu einem „heißen Krieg". In Europa finden „ethnische Säuberungen" statt.

Plötzlich ist der Nürnberger Prozess wieder aktuell. Die Akten werden aus den Archiven geholt. Man beginnt, eine Neuauflage zu planen – ein Nürnberg II. In Den Haag wird das „UN-Tribunal für das ehemalige Jugoslawien" ins Leben gerufen. Der erste mutmaßliche Kriegsverbrecher wird verhaftet. Das Tribunal nimmt seine Arbeit auf und fällt ein Urteil.

Das Urteil hat Signalwirkung. Junge Völkerrechtler bestürmen ihre Regierungen und fordern einen internationalen Strafgerichtshof, damit alle Mächtigen wissen, dass Angriffskriege, Kriegsverbrechen, Verbrechen gegen die Menschlichkeit und Völkermord nicht ungestraft bleiben müssen. Und tatsächlich: 2002 ist es so weit. 123 Vertragsstaaten sind bis heute dabei – beim Internationalen Strafgerichtshof mit Sitz in Den Haag.

---

[1] Uriah Smith, Gedanken über Daniel und Offenbarung, Mountain View o.J., 125.

Nicht dabei sind die Staaten, die weniger auf das Völkerrecht und mehr auf ihre eigene Macht und Souveränität vertrauen. In den USA wird sogar ein Gesetz verabschiedet, dass den Präsidenten ermächtigt, jeden amerikanischen Bürger, der aus welchem Grund auch immer vor den Internationalen Strafgerichtshof gestellt wird, mit Waffengewalt zurückzuholen. „'The Hague Invasion Act' [das Gesetz zur Invasion in Den Haag] nennen spöttisch die Haager Juristen das Washingtoner Gesetz und malen ihren Gästen gern aus, wie im Morgengrauen Landungsboote der US-Marine am Strand von Scheveningen auftauchen."[1]

Es gibt Versuche, die Kompetenzen des Internationalen Strafgerichtshofs zu begrenzen und ihn klein zu halten. Schritt für Schritt geht es voran – manchmal allerdings auch einen Schritt zurück. So ist es augenblicklich mehr als fraglich, ob die Verantwortlichen für den Krieg in Syrien jemals vor Gericht gestellt werden. Aber auszurotten ist die Idee nicht mehr.

Und diese Idee hat Zukunft. Am Ende der Zeiten wird im Himmel „Gericht ... gehalten" und die „Bücher" werden „aufgetan". Wer der irdischen Gerechtigkeit entgangen ist, wird spätestens von der himmlischen eingeholt. Die Mächtigen, die Gott ignoriert oder nur Hohn und Spott für ihn übrig gehabt haben und die Menschenrechte mit Füßen getreten haben, werden vor ein universales Gericht gestellt. Alles Unrecht wird aufgearbeitet und das Urteil vollstreckt – damit ein neues Zeitalter anbrechen kann und „das Reich und die Macht und die Gewalt über die Königreiche unter dem ganzen Himmel ... dem Volk der Heiligen des Höchsten gegeben" wird.

Zu Recht hat Karl Barth bemerkt: „Der Richter ist in der biblischen Gedankenwelt nicht in erster Linie der, der die Einen belohnt und die Anderen bestraft, sondern der Mann, der Ordnung schafft und das Zerstörte wiederherstellt."[2] Das gilt vor allem, wenn Gott selbst dieser Richter ist.

---

[1] Darnstädt, a.a.O., 378.
[2] Karl Barth, Dogmatik im Grundriss, Berlin 1948, 144.

8 Mit Füßen getreten und doch Recht bekommen (Daniel 8)

(1) Im dritten Jahr der Herrschaft des Königs Belsazar erschien mir, Daniel, ein Gesicht, nach jenem, das mir zuerst erschienen war. (2) Ich hatte ein Gesicht, und während meines Gesichtes war ich in der Festung Susa im Lande Elam, und ich war am Fluss Ulai.(3) Und ich hob meine Augen auf und sah, und siehe, ein Widder stand vor dem Fluss, der hatte zwei hohe Hörner, doch eins höher als das andere, und das höhere war später hervorgewachsen. (4) Ich sah, dass der Widder mit den Hörnern stieß nach Westen, nach Norden und nach Süden hin. Und kein Tier konnte vor ihm bestehen und vor seiner Gewalt errettet werden, sondern er tat, was er wollte, und wurde groß. (5) Und indem ich darauf achthatte, siehe, da kam ein Ziegenbock vom Westen her über die ganze Erde, ohne den Boden zu berühren, und der Bock hatte ein ansehnliches Horn zwischen seinen Augen. (6) Und er kam bis zu dem Widder, der zwei Hörner hatte, den ich vor dem Fluss stehen sah, und er lief in gewaltigem Zorn auf ihn zu. (7) Und ich sah, dass er nahe an den Widder herankam, und voller Grimm stieß er den Widder und zerbrach ihm seine beiden Hörner. Und der Widder hatte keine Kraft, dass er vor ihm hätte bestehen können, sondern der Bock warf ihn zu Boden und zertrat ihn, und niemand konnte den Widder aus seiner Gewalt erretten. (8) Und der Ziegenbock wurde sehr groß. Und als er am stärksten geworden war, zerbrach das große Horn, und es wuchsen an seiner Stelle vier ansehnliche Hörner nach den vier Winden des Himmels hin.
(9) Und aus einem von ihnen wuchs ein kleines Horn; das wurde sehr groß nach Süden, nach Osten und nach dem herrlichen Land hin. (10) Und es wuchs bis an das Heer des Himmels und warf einige von dem Heer und von den Sternen zur Erde und zertrat sie. (11) Ja, es wuchs bis zum Fürsten des Heeres und nahm ihm das tägliche Opfer weg und verwüstete die Wohnung seines Heiligtums. (12) Und es wurde ein frevelhaftes Opfer an die Stelle des täglichen Opfers eingesetzt, und das Horn warf die Wahrheit zu Boden. Und was es tat, gelang ihm.
(13) Ich hörte aber einen Heiligen reden, und ein anderer Heiliger sprach zu dem, der da redete: Wie lange gilt dies Gesicht vom täglichen Opfer, vom verwüstenden Frevel und dass Heiligtum und Heer ausgeliefert und zertreten werden?(14) Und er antwortete mir: Bis zweitausenddreihundert Abende und Morgen vergangen sind; dann wird das Heiligtum wieder sein Recht erhalten.
(15) Und als ich, Daniel, dies Gesicht sah und es gerne verstanden hätte, siehe, da stand einer vor mir, der aussah wie ein Mann, (16) und ich hörte eine Menschen-

stimme mitten über dem Ulai rufen und sprechen: Gabriel, lege diesem das Gesicht aus, damit er's versteht. (17) Und Gabriel trat nahe zu mir. Ich erschrak aber, als er kam, und fiel auf mein Angesicht. Er aber sprach zu mir: Begreife, Menschenkind! Dies Gesicht gilt der Zeit des Endes. (18) Und als er mit mir redete, sank ich in Ohnmacht zur Erde auf mein Angesicht. Er aber rührte mich an und richtete mich auf, sodass ich wieder stand.

(19) Und er sprach: Siehe, ich will dir kundtun, wie es sein wird zur letzten Zeit des Zorns; denn das Gesicht gilt der Zeit des Endes. (20) Der Widder mit den beiden Hörnern, den du gesehen hast, bedeutet die Könige von Medien und Persien. (21) Der Ziegenbock aber ist der König von Griechenland. Das große Horn zwischen seinen Augen ist der erste König. (22) Dass aber vier an seiner Stelle wuchsen, nachdem es zerbrochen war, bedeutet, dass vier Königreiche aus dem Volk entstehen werden, aber nicht so mächtig wie er. (23) Aber gegen Ende ihrer Herrschaft, wenn das Maß der Frevler voll ist, wird aufkommen ein frecher und verschlagener König. (24) Der wird mächtig sein und ungeheures Unheil anrichten, und es wird ihm gelingen, was er tut. Er wird die Starken vernichten. Und gegen das heilige Volk

(25) richtet sich sein Sinnen, und es wird ihm durch Betrug gelingen, und er wird überheblich werden, und unerwartet wird er viele verderben und wird sich auflehnen gegen den Fürsten aller Fürsten; aber er wird zerbrochen werden ohne Zutun von Menschenhand. (26) Dies Gesicht von den Abenden und Morgen, das dir hiermit kundgetan ist, das ist wahr; aber du sollst das Gesicht geheim halten; denn es ist noch eine lange Zeit bis dahin.

(27) Und ich, Daniel, war erschöpft und lag einige Tage krank. Danach stand ich auf und verrichtete meinen Dienst beim König. Und ich wunderte mich über das Gesicht und niemand konnte es mir auslegen.

Auch in diesem Kapitel geht es um Königreiche. Diesmal werden einige sogar namentlich genannt.

Wer an Gott glaubt, steht der Welt und ihrer Geschichte nicht gleichgültig gegenüber. Gott hat diese Welt geschaffen. Und er hat sich nicht aus ihr zurückgezogen. Gott ist mit uns und führt die Geschichte der Menschheit ans Ziel. Er hat seine Hand im Weltgeschehen.

Kein Wunder also, wenn in der Bibel so viel von Königreichen die Rede ist. Die Weltgeschichte ist immer auch die Geschichte von Machtkämpfen. Wer an der Macht ist, will an der Macht bleiben. Wer nicht an der Macht ist, will sie so bald wie möglich übernehmen. Dabei übernimmt er sich manchmal. Deshalb wird Gott Gericht halten und *„das Reich und die Macht und die Gewalt über die Königreiche unter dem ganzen Himmel … dem Volk der Heiligen des Höchsten"* übergeben, *„dessen Reich ewig ist"* (7,27).

Ein Widder, ein Ziegenbock – und ein kleines Horn

Daniel sieht einen *„Widder … vor dem Fluss"* stehen. Er hat *„zwei hohe Hörner"*. Sie sind aber unterschiedlich hoch, wobei das höhere *„später hervorgewachsen"* ist. In Vers 20 wird Daniel erklärt: *„Der Widder mit den beiden Hörnern, den du gesehen hast, bedeutet die Könige von Medien und Persien."* Damit ist alles klar – auch, wer mit dem höheren Horn gemeint ist, das etwas später kommt: das Königreich Persien.

Nun berichtet Daniel, dass der Widder *„nach Westen und nach Norden und nach Süden hin"* vorstößt. Und tatsächlich hat das Perserreich seinen Machtbereich in all diese Himmelsrichtungen vergrößert. Kein anderes Tier, kein anderes Königreich, *kann „vor ihm bestehen"* und sich vor ihm in Sicherheit bringen. Der Widder macht was er will und wird *„groß"*. Zwei Jahrhunderte lang dominieren die Perser die damalige bekannte Welt.

Aber noch während Daniel auf den Widder achtet, kommt *„ein Ziegenbock vom Westen her über die ganze Erde"*. Er fliegt geradezu über die Erde. Er berührt den Boden gar nicht mehr – so schnell ist er unterwegs. Der Ziegenbock hat *„ein ansehnliches Horn zwischen seinen Augen"*.

In der Deutung wird Daniel erklärt: *„Der Ziegenbock aber ist der König von Griechenland. Das große Horn zwischen seinen Augen ist der erste König."* (8,21). Das hätten wir eigentlich auch so geahnt. Das hatten wir im Geschichtsunterricht. Viele von uns kennen zumindest den Merkvers: „drei-drei-drei, bei Issos Keilerei". Was war da los – bei Issos, an der Südostküste der heutigen Türkei? Es kam zur Schlacht zwischen dem Perserkönig Darius III. und Alexander dem Großen. Darius erlitt eine schwere Niederlage.

Dementsprechend heißt es in der Vision: *„Und er – der Ziegenbock – kam bis zu dem Widder, der zwei Hörner hatte … und er lief in gewaltigem Zorn auf ihn zu. Und ich sah, dass er nahe an den Widder herankam, und voller Grimm stieß er den Widder und zerbrach ihm seine beiden Hörner. Und der Widder hatte keine Kraft, dass er vor ihm hätte bestehen können, sondern der Bock warf ihn zu Boden und zertrat ihn, und niemand konnte den Widder aus seiner Gewalt erretten."*

Dann aber geschieht etwas Überraschendes: So schnell, wie der Ziegenbock mit seinen „Blitzkriegen" die ganze Welt erobert, so plötzlich ist es mit Alexander dem Großen vorbei. Im Alter von nur 32 Jahren verstirbt er in Babylon. *„Und als er am stärksten geworden war, zerbrach das große Horn …"*, heißt es in der Vision.

Und weiter: Daniel sieht: *„… und es wuchsen an seiner Stelle vier ansehnliche Hörner nach den vier Winden des Himmels hin."* Der Engel erklärt Daniel in Vers 22: *„Dass aber vier an seiner Stelle wuchsen, nachdem es zerbrochen war, bedeutet, dass vier Königreiche aus dem Volk entstehen werden, aber nicht so mächtig wie er."* Gemeint sind natürlich die Nachfolgestaaten des alexandrinischen Weltreichs: Erstens Makedonien und Griechenland, zweitens Kleinasien, drittens Syrien mit Babylonien und Persien und viertens Ägypten.

Und dann? Dann kommt *„ein kleines Horn"*. Es steht im Mittelpunkt der Aufmerksamkeit. Das *„kleine Horn"* wird *„sehr groß"*. Es breitet sich *„nach Süden, nach Osten und nach dem herrlichen Land hin"* aus. Süden und Osten ist klar. Was ist das *„herrliche Land"*? Natürlich Israel.

Und damit fangen die eigentlichen Probleme an. Das Horn breitet nicht nur sein irdisches Herrschaftsgebiet aus – es richtet sich auch gegen den Himmel. Daniel sieht: *„Und es wuchs bis an das Heer des Himmels und warf einige von dem Heer und von den Sternen zur Erde und zertrat sie. Ja, es wuchs bis zum Fürsten des Heeres …"*.

Was ist das – *„das Heer des Himmels"*? An einigen Stellen sind damit Sterne gemeint, an anderen Engel. Vielleicht ist beides zugleich gemeint – vielleicht geht es um Engel, die eng mit Sternen verbunden sind. Jedenfalls steht fest: Das kleine Horn wirkt bis in die himmlische Welt hinein – bis *„zum Fürsten des Heeres"*, womit der oberste Engel, der Erzengel gemeint ist.

Die Engel, allen voran der Erzengel Michael, ziehen – wie Kapitel 10 zeigt – im Auftrag Gottes die Strippen hinter den Kulissen der Weltgeschichte. Das kleine Horn aber wagt den Konflikt mit ihnen – es stellt sich also gegen Gottes Plan für die Geschichte der Menschheit.

Konkret wird seine Auflehnung gegen Gott und den Himmel beim Kampf gegen den Opferdienst und das Heiligtum im *„herrlichen Land“*: *„Ja, es wuchs bis zum Fürsten des Heeres und nahm ihm das tägliche Opfer weg und verwüstete die Wohnung seines Heiligtums. Und es wurde ein frevelhaftes Opfer an die Stelle des täglichen Opfers eingesetzt, und das Horn warf die Wahrheit zu Boden. Und was es tat, gelang ihm.“*

Drei Punkte. Erstens: Das Horn nimmt *„das tägliche Opfer“* weg. Gemeint sind die täglichen Brandopfer, die am Morgen und am Abend auf dem Brandopferaltar des Tempels dargebracht werden. Im zweiten Buch Mose heißt es: *„Und dies sollst du auf dem Altar tun: Zwei einjährige Lämmer sollst du an jedem Tage darauf opfern, ein Lamm am Morgen, das andere gegen Abend. Und zu dem einen Lamm einen Krug feines Mehl, vermengt mit einer viertel Kanne zerstoßener Oliven, und zum Trankopfer eine viertel Kanne Wein. Mit dem andern Lamm sollst du tun gegen Abend wie mit dem Speisopfer und Trankopfer vom Morgen, zum lieblichen Geruch, ein Feueropfer für den HERRN. Das soll das tägliche Brandopfer sein bei euren Nachkommen am Eingang der Stiftshütte vor dem HERRN, wo ich euch begegnen und mit dir reden will.“* (2.Mos.29,38-42).

Zweitens: Das Horn verwüstet *„die Wohnung seines Heiligtums“*. Hier ist klar, was gemeint ist: Der Tempel, der Ort der Gegenwart Gottes, wird zerstört oder zumindest schwer beschädigt.

Drittens: Anstelle des *„täglichen Opfers“* wird ein *„frevelhaftes Opfer … eingesetzt“*. An anderen Stellen des Buches Daniel wird es so formuliert: *„Und seine Heere werden kommen und Heiligtum und Burg entweihen und das tägliche Opfer abschaffen und das Gräuelbild der Verwüstung aufstellen.“* (11,31). Es geht um ein Bild, ein Götzenbild, dem geopfert wird.

In der Deutung des Engels kommt später noch ein vierter Punkt hinzu: *„Er wird die Starken vernichten. Und gegen das heilige Volk richtet sich sein Sinnen, und es wird ihm durch Betrug gelingen, und er wird überheblich werden, und unerwartet wird er viele verderben ….“* (8,24f.) Das ist irgendwie logisch. Wer sich gegen Gott auflehnt und den Gottesdienst bekämpft, wird auch die Gläubigen angreifen.

Das Wirken des Horns kann in folgendem Satz auf den Punkt gebracht werden: *„das Horn warf die Wahrheit zu Boden."* Die *„Wahrheit"* ist die Zusammenfassung für alles, was Gott den Menschen zu sagen hat. In seinem Schuldbekenntnis, dass uns im 9. Kapitel des Buches Daniel überliefert ist, erklärt Daniel: *„Aber wir haben auch nicht den HERRN, unsern Gott, besänftigt, sodass wir uns von unsern Sünden bekehrt und auf deine Wahrheit geachtet hätten."*

Das Horn – eine Macht, die rücksichtslos gegen Gott, den Gottesdienst und die Gläubigen agiert.

Absolute Machtansprüche

Die Weltgeschichte ist auch die Geschichte von Mächten, die mit einem absoluten Anspruch auftreten. Sie wollen die einzige und die totale Ordnung menschlichen Lebens werden. Deshalb ist es ihnen bereits verdächtig, wenn Menschen zu Gott beten und damit zeigen, dass der Staat für sie nicht alles ist. Sie wollen selbst angebetet werden. Und wehe, wenn nicht!

Diese Anbetung kann in religiösen Formen geschehen, aber auch in einer Weise, die auf die bekannten religiösen Riten verzichtet, aber trotzdem nichts anderes als „Anbetung" ist. Anbetung geschieht überall da, wo man von einer Macht Heil und Erlösung erwartet.

Der Theologe Karl Barth hat einige Erscheinungsformen solcher Mächte mit absolutem Anspruch ausgemacht.[1] Drei davon möchte ich nennen:

Erstens: Absolutismus in der Politik.

Staatliche Ordnungen sind notwendig und auch Menschen, die sich dafür einsetzen, dass die Dinge in Staat und Gesellschaft angemessen und zum Wohle des Menschen geregelt werden. Das Problem beginnt, wenn Politik sich verselbstständigt, zum Selbstzweck wird. Dann geht es um die Macht.

---

[1] Karl Barth, Das christliche Leben, Gesamtausgabe Bd. 7, Zürich 1976. 373-399.

Dann geht es nur noch um die Macht. Dann geht es um die Macht um der Macht willen. Dann läuft etwas verkehrt. Anstatt, dass der Staat oder das ganze politische Leben den Menschen dient, müssen sich Menschen dem absoluten Anspruch des Staates unterordnen. Die Macht löst sich vom Recht und steht über dem Recht. Aus einem Rechtstaat wird ein Machtstaat und schließlich ein Unrechtsstaat.

Zweitens: Absolutismus in der Wirtschaft.

Das Ziel des Wirtschaftens ist es, Güter bereit zu stellen, die der Befriedigung der menschlichen Bedürfnisse dienen. Auch das ist notwendig. Und es ist auch nicht verwerflich, dabei Geld zu verdienen. Das Problem beginnt, wenn die Wirtschaft sich verselbstständigt, zum Selbstzweck wird. Dann geht es nur noch um den Profit. Dann geht es um den Profit um des Profits willen. Dann läuft etwas verkehrt. Anstatt, dass die Wirtschaft den Menschen dient, müssen sich Menschen den Gesetzen der Wirtschaft unterordnen. Der Mensch wird mehr und mehr zum reinen Kostenfaktor. Die Kosten müssen gedrückt werden – schon weil die anderen Unternehmen auch die Kosten senken und man schließlich konkurrenzfähig bleiben muss. Dieser Kostensenkungs- und Rationalisierungswettbewerb tendiert streng logisch betrachtet zur Wiedereinführung der Sklaverei.

Drittens: Absolutismus in der Weltanschauung.

Der Mensch ist ein Wesen, das nicht nur vor sich hin lebt, sondern in der Lage ist, über sich selbst und über Gott und die Welt nachzudenken. Wir können zu uns selbst und gegenüber der Welt, in der wir leben, eine Beobachterposition einnehmen und uns einen Reim auf das machen, was wir da beobachten. Aber auch das kann nach hinten losgehen – wenn aus dem Reim, den wir uns machen, eine Ideologie wird, eine absolute Wahrheit.

Was passiert dann? Hier muss ich einfach mal Karl Barth selbst zitieren: „Und nun entgleiten ihm [dem Menschen] auch hier die Zügel: so wunderbar herrlich erscheint ihm … seine Ideologie, so faszinierend wirkt sie auf ihn, dass er sich … nur noch in ihrem Rahmen und nach ihrer Anleitung meint bewegen und also weiter denken und agieren zu dürfen … Noch

meint er, sie [die Wahrheit] zu haben, aber schon hat sie in Wahrheit ihn ...
Schon wagt er es nur noch, innerhalb ihres Systems zu fragen und zu antworten ..."[1]

Auch die Fähigkeit des Menschen, sich einen Begriff von der Welt zu machen, kann sich gegen ihn wenden. Nicht wenige Ideologien haben sogar eine unübersehbare Blutspur in der Geschichte hinterlassen.

Absolutismus in Geschichte und Gegenwart

Diese Formen des Absolutismus feiern immer wieder fröhliche Urstände. Immer wieder hat man geglaubt, darüber hinweg zu sein. Aber immer wieder tauchen sie aus der Versenkung auf – in neuem Gewande und auch in neuen Kombinationen.

Mitte des zweiten Jahrhunderts vor Christus hat König Antiochus IV. Epiphanes versucht, Israel mit Gewalt vom Segen der hellenistischen Weltkultur zu überzeugen. Viele Israeliten machen mit, andere fliehen oder werden verjagt. Der Tempeldienst wird eingestellt. Höhepunkt ist die Aufstellung des „Gräuelbilds der Verwüstung" auf dem Altar, die Vernichtung der Gesetzbücher und die Verfolgung aller, die sich an das Gesetz des Mose halten. So berichten es die apokryphen Makkabäerbücher. Das Chanukka-Fest erinnert jedes Jahr daran – bzw. daran, dass Juden diese schwere Zeit überstanden haben.

Auch Jesus hat vom *„Gräuel der Verwüstung ... an der heiligen Stätte"* gesprochen – im Zusammenhang mit der Zerstörung Jerusalems und des Tempel im Jahre 70 n. Chr. durch die Römer: *„Wenn ihr nun sehen werdet den Gräuel der Verwüstung stehen an der heiligen Stätte, wovon gesagt ist durch den Propheten Daniel – wer das liest, der merke auf! –, alsdann fliehe auf die Berge, wer in Judäa ist; und wer auf dem Dach ist, der steige nicht hinunter, etwas aus seinem Hause zu holen; und wer auf dem Feld ist, der kehre nicht zurück, seinen Mantel zu holen. Weh aber den Schwangeren und den Stillenden in jenen Tagen! Bittet aber, dass eure Flucht nicht geschehe im Winter oder am Sabbat. Denn es wird dann eine große Bedrängnis sein, wie sie nicht gewesen ist vom Anfang der Welt bis jetzt und auch nicht wieder werden wird. Und wenn jene Tage nicht verkürzt würden, so*

---

[1] Barth, Das christliche Leben, a.a.O., 384.

würde kein Mensch gerettet werden; aber um der Auserwählten willen werden diese Tage verkürzt." (Mt.24,15-22)

In mittelalterlicher Zeit hat das Papsttum seinen absoluten Machtanspruch durchgesetzt – politisch und ideologisch. Mit dem Bekenntnis zur Religionsfreiheit hat es bis 1965 gedauert.

Aber auch Könige haben nach absoluter Macht verlangt. „Der Staat bin ich", soll Ludwig XIV. gesagt haben. Gedacht hat er es zumindest und ließ sich als „Sonnenkönig" verehren – nicht weil er sich gern gesonnt hat, sondern weil die Sonne im Mittelpunkt des Weltalls steht. Der König, der an der Spitze des Staates steht, bestimmt über alle Angelegenheiten des Staates.

Dann der Nationalismus. Er kommt so richtig in Schwung, als es mit dem „Heiligen römischen Reich deutscher Nation" vorbei ist. Plötzlich gilt: „Deutschland, Deutschland, über alles." Und heute heißt es: „America first".

Überhaupt die „Ismen", all die Strömungen und Bewegungen, die auf „ismus" enden: Faschismus, Stalinismus, Fundamentalismus, Islamismus u.s.w. Immer wieder der absolute Anspruch, der Versuch, die einzige und die totale Ordnung des menschlichen Lebens zu werden. Immer wieder das Agieren gegen Gott, den Gottesdienst und die Gläubigen – weil allein ihre Existenz diesem Anspruch entgegensteht.

Absolutismus ohne Zukunft

Nach seiner Vision wird Daniel Zeuge eines Gesprächs, das zwei Engel miteinander führen. Der eine fragt: *„Wie lange gilt dies Gesicht vom täglichen Opfer, vom verwüstenden Frevel und dass Heiligtum und Heer ausgeliefert und zertreten werden?"* Der andere antwortet ihm: *„Bis zweitausenddreihundert Abende und Morgen vergangen sind; dann wird das Heiligtum wieder sein Recht erhalten."*

Daniel versteht nicht, was gemeint ist. In der Deutung wird ihm gesagt: *„Dies Gesicht von den Abenden und Morgen, das dir hiermit kundgetan ist, das ist wahr; aber du sollst das Gesicht geheim halten; denn es ist noch eine lange Zeit bis dahin."*

Das hilft ihm auch nicht weiter. Daniel berichtet: *„Und ich, Daniel, war erschöpft und lag einige Tage krank …Und ich wunderte mich über das Gesicht und niemand konnte es mir auslegen."*

Beschränken wir uns doch erst mal einfach auf das, was offensichtlich ist: Dass all das, was die gottfeindlichen Mächte mit ihrem absoluten Anspruch anrichten, nicht das letzte Wort ist. All das, was sie mit Füßen treten, wird *„wieder sein Recht erhalten"*. Das ist schließlich das wichtigste.

Martin Luther King hat es so ausgedrückt:

> Wenn unsere Tage verdunkelt sind und
> unsere Nächte finsterer als tausend Mitternächte,
> so wollen wir stets daran denken, dass es in der Welt
> eine große segnende Kraft gibt, die Gott heißt.
> Gott kann Wege aus der Ausweglosigkeit weisen.
> Er will das dunkle Gestern in ein helles Morgen verwandeln,
> - zuletzt in den leuchtenden Morgen der Ewigkeit.[1]

Darauf kommt es an.

---

[1] Zit. in: Herr, bleibe bei uns. Segenswünsche und Gebete für jeden Tag, Leipzig 2007, 137.

9   Die göttliche Vorsehung (Daniel 9)

(1) Im ersten Jahr des Darius, des Sohnes des Ahasveros, aus dem Stamm der Meder, der über das Reich der Chaldäer König wurde, (2) in diesem ersten Jahr seiner Herrschaft verstand ich, Daniel, in den Büchern die Zahl der Jahre, die sich an Jerusalem erfüllen sollte. So war das Wort des HERRN an den Propheten Jeremia ergangen: Siebzig Jahre soll Jerusalem wüst liegen. (3) Und ich kehrte mich zu Gott, dem Herrn, um zu beten und zu flehen unter Fasten und in Sack und Asche.

(4) Ich betete aber zu dem HERRN, meinem Gott, und bekannte und sprach: Ach, Herr, du großer und schrecklicher Gott, der du Bund und Gnade bewahrst denen, die dich lieben und deine Gebote halten! (5) Wir haben gesündigt, Unrecht getan, sind gottlos gewesen und abtrünnig geworden; wir sind von deinen Geboten und Rechten abgewichen. (6) Wir gehorchten nicht deinen Knechten, den Propheten, die in deinem Namen zu unsern Königen, Fürsten, Vätern und zu allem Volk des Landes redeten. (7) Du, Herr, bist gerecht, wir aber müssen uns alle heute schämen, die von Juda und von Jerusalem und vom ganzen Israel, die, die nahe sind, und die zerstreut sind in allen Ländern, wohin du sie verstoßen hast um ihrer Missetat willen, die sie an dir begangen haben. (8) Ja, HERR, wir, unsre Könige, unsre Fürsten und unsre Väter müssen uns schämen, dass wir uns an dir versündigt haben. (9) Bei dir aber, Herr, unser Gott, ist Barmherzigkeit und Vergebung. Denn wir sind abtrünnig geworden (10) und gehorchten nicht der Stimme des HERRN, unseres Gottes, und wandelten nicht nach seinen Gesetzen, die er uns vorlegte durch seine Knechte, die Propheten; (11) sondern ganz Israel übertrat dein Gesetz, und sie wichen ab und gehorchten deiner Stimme nicht. Darum trifft uns auch der Fluch, den er geschworen hat und der geschrieben steht im Gesetz des Mose, des Knechtes Gottes, weil wir an ihm gesündigt haben. (12) Und Gott hat seine Worte gehalten, die er geredet hat gegen uns und unsere Richter, die uns richten sollten, dass er ein so großes Unglück über uns hat kommen lassen; denn unter dem ganzen Himmel ist Derartiges nicht geschehen wie in Jerusalem. (13) Wie es geschrieben steht im Gesetz des Mose, so ist all dies große Unglück über uns gekommen. Aber wir haben auch nicht den HERRN, unsern Gott, besänftigt, sodass wir uns von unsern Sünden bekehrt und auf deine Wahrheit geachtet hätten. (14) Darum wachte der HERR über das Unglück und hat's über uns kommen lassen. Denn der HERR, unser Gott, ist gerecht in allen seinen Werken, die er tut; aber wir gehorchten seiner Stimme nicht. (15) Und nun, Herr, unser Gott, der du dein Volk aus Ägyptenland geführt hast mit starker Hand und hast dir einen Namen gemacht, so wie es heute ist: Wir haben

gesündigt, wir sind gottlos gewesen. (16) Ach, Herr, um aller deiner Gerechtigkeit willen wende ab deinen Zorn und Grimm von deiner Stadt Jerusalem und deinem heiligen Berg. Denn wegen unserer Sünden und wegen der Missetaten unserer Väter trägt Jerusalem und dein Volk Schmach bei allen, die um uns her wohnen. (17) Und nun, unser Gott, höre das Gebet deines Knechtes und sein Flehen. Lass leuchten dein Angesicht über dein zerstörtes Heiligtum um deinetwillen, Herr! (18) Neige deine Ohren, mein Gott, und höre, tu deine Augen auf und sieh an unsere Trümmer und die Stadt, die nach deinem Namen genannt ist. Denn wir liegen vor dir mit unserm Gebet und vertrauen nicht auf unsre Gerechtigkeit, sondern auf deine große Barmherzigkeit. (19) Ach, Herr, höre! Ach, Herr, sei gnädig! Ach, Herr, merk auf und handle! Säume nicht – um deinetwillen, mein Gott! Denn deine Stadt und dein Volk ist nach deinem Namen genannt.

(20) Als ich noch so redete und betete und meine und meines Volkes Israel Sünde bekannte und mit meinem Gebet für den heiligen Berg meines Gottes vor dem HERRN, meinem Gott, lag, (21) eben als ich noch so redete in meinem Gebet, da flog der Mann Gabriel, den ich zuvor im Gesicht gesehen hatte, um die Zeit des Abendopfers dicht an mich heran. (22) Und er unterwies mich und redete mit mir und sprach: Daniel, jetzt bin ich ausgegangen, um dir zum rechten Verständnis zu verhelfen. (23) Denn als du anfingst zu beten, erging ein Wort, und ich komme, um dir's kundzutun; denn du bist von Gott geliebt. So merke nun auf das Wort, damit du das Gesicht verstehst.

(24) Siebzig Wochen sind verhängt über dein Volk und über deine heilige Stadt; dann wird dem Frevel ein Ende gemacht und die Sünde versiegelt und die Schuld gesühnt, und es wird ewige Gerechtigkeit gebracht und Gesicht und Weissagung besiegelt und das Allerheiligste gesalbt werden. (25) So wisse nun und gib acht: Von der Zeit an, als das Wort erging, Jerusalem werde wieder aufgebaut werden, bis ein Gesalbter, ein Fürst, kommt, sind es sieben Wochen; und zweiundsechzig Wochen lang wird es wieder aufgebaut sein mit Plätzen und Gräben, wiewohl in kummervoller Zeit. (26) Und nach den zweiundsechzig Wochen wird ein Gesalbter ausgerottet werden, und niemand wird ihm helfen. Und das Volk eines Fürsten wird kommen und die Stadt und das Heiligtum zerstören, aber dann kommt das Ende durch eine Flut, und bis zum Ende wird es Krieg geben und Verwüstung, die längst beschlossen ist. (27) Er wird aber vielen den Bund schwer machen eine Woche lang. Und in der Mitte der Woche wird er Schlachtopfer und Speisopfer abschaffen. Und im Heiligtum wird stehen ein Gräuelbild, das Verwüstung anrichtet, bis das Verderben, das beschlossen ist, sich über den Verwüster ergießen wird.

Nach einem langen Textabschnitt ein kurzes Gedicht von Franz von Sales:

> Meine Vergangenheit kümmert mich nicht mehr,
> sie gehört dem göttlichen Erbarmen.

> Meine Zukunft kümmert mich noch nicht,
> sie gehört der göttlichen Vorsehung.

> Was mich kümmert und fordert, ist das Heute.
> Das aber gehört der Gnade Gottes
> und der Hingabe meines guten Willens.[1]

Wenn unsere Vergangenheit geklärt ist und unsere Zukunft uns nicht kümmern muss, sind wir frei für die Gegenwart – frei uns den Herausforderungen unserer Zeit zu stellen.

So einfach, wie das klingt, ist es aber nicht. Wie oft beschäftigt uns unsere Vergangenheit. Wir können uns unsere Fehler nicht verzeihen und den anderen ihre Fehler auch nicht. Deshalb tut es gut, von Gottes Erbarmen zu hören und uns davon auf andere Gedanken bringen zu lassen.

Und die Zukunft? Sie kümmert uns noch mehr als unsere Vergangenheit. Und auch mit der „göttlichen Vorsehung" haben wir mehr Probleme, als mit dem „göttlichen Erbarmen".

Im neunten Kapitel des Buches Daniel geht es um beides: das „göttliche Erbarmen" und die „göttliche Vorsehung".

„Meine Vergangenheit ... gehört dem göttlichen Erbarmen"

Wir schreiben das Jahr 538 vor Christus. Das babylonische Weltreich ist Geschichte. Darius, der Meder, hat die Macht übernommen. Für Daniel ein Anlass, die Schriftrolle mit den Worten des Propheten Jeremias zur Hand zu nehmen. Schließlich hatte der gesagt: *„Siebzig Jahre soll Jerusalem wüst liegen."*

Wenn nicht jetzt, wann dann! Die Zerstörung Jerusalems ist zwar erst knapp 50 Jahre her. Aber Daniel selbst ist schon ungefähr 70 Jahre in Babylon. Deshalb ...

---

[1] Zit. in Youcat. Jugendkatechismus der Katholischen Kirche, München 2010, 189.

Daniel wendet sich an Gott, *„um zu beten und zu flehen unter Fasten und in Sack und Asche"*. Schließlich hat Jeremia nicht nur Gottes Offenbarung über die 70 Jahren weitergegeben, sondern auch das, was Gott in diesem Zusammenhang über die Umkehr gesagt hat: *„Denn so spricht der HERR: Wenn für Babel siebzig Jahre voll sind, so will ich euch heimsuchen und will mein gnädiges Wort an euch erfüllen, dass ich euch wieder an diesen Ort bringe. Denn ich weiß wohl, was ich für Gedanken über euch habe, spricht der HERR: Gedanken des Friedens und nicht des Leides, dass ich euch gebe Zukunft und Hoffnung. Und ihr werdet mich anrufen und hingehen und mich bitten, und ich will euch erhören. Ihr werdet mich suchen und finden; denn wenn ihr mich von ganzem Herzen suchen werdet, so will ich mich von euch finden lassen, spricht der HERR, und will eure Gefangenschaft wenden und euch sammeln aus allen Völkern und von allen Orten, wohin ich euch verstoßen habe, spricht der HERR, und will euch wieder an diesen Ort bringen, von wo ich euch habe wegführen lassen."* (Jer.29,10-14).

Das Gebet Daniels ist ein leidenschaftliches Gebet. Er spricht davon, wer Gott für ihn ist und was er ihm und dem Volk bedeutet. Und stellvertretend für das ganze Volk bekennt er die Sünden Israels.

Gott ist groß. Alle, die ihn lieben und seine Gebote halten, können sich auf ihn verlassen. Er ist gerecht, er rettet, er erbarmt sich, er vergibt. Aber Israel hat gesündigt, hat Gottes Gebote übertreten und die Botschaft der Propheten ignoriert. Und so ist gekommen, was kommen musste. Gott hat es seinem Volk im Gesetz des Mose sogar ausdrücklich gesagt, dass sein Fluch über sie kommen wird, wenn sie sein Gesetz missachten. Aber anstatt umzukehren, hat das Volk immer weiter gemacht und sich immer tiefer ins Unglück gestürzt. Daniel bringt es schonungslos auf den Punkt. Es gibt nichts zu entschuldigen: *„Wir haben gesündigt, wir sind gottlos gewesen."*

Und nun? Das Volk hat nichts vorzuweisen. Es gibt nur einen Grund zur Hoffnung: Dass Gott um seiner selbst willen eingreift. *„Neige deine Ohren, mein Gott, und höre, tu deine Augen auf und sieh an unsere Trümmer und die Stadt, die nach deinem Namen genannt ist. Denn wir liegen vor dir mit unserm Gebet und vertrauen nicht auf unsre Gerechtigkeit, sondern auf deine große Barmherzigkeit. Ach, Herr, höre! Ach, Herr, sei gnädig! Ach, Herr, merk auf und handle! Säume nicht – um deinetwillen, mein Gott! Denn deine Stadt und dein Volk ist nach deinem Namen genannt."* Es gibt nur einen Grund zur Hoffnung: Dass

Gott gnädig ist, weil es seinem Wesen entspricht und Israel trotz allem sein Volk ist.

Und tatsächlich: Noch bevor Daniel sein Gebet beendet hat, kommt der Engel Gabriel angeflogen. Eine Gebetserhörung noch vor dem „Amen!". Der Engel erklärt ihm: Als du dein Gebet begonnen hast, *„erging ein Wort"* – kam eine Offenbarung von Gott. *„Und ich komme, um dir's kundzutun."*

Warum? Gabriel erklärt ihm: *„Denn du bist von Gott geliebt."* „Gott steht zu dir. Du musst keine Angst vor ihm haben. Er lässt dich nicht im Stich. Er ist an deiner Seite. Er hat dich angenommen." Deshalb hat Gabriel für ihn eine Botschaft von Gott.

Dass Daniel *„von Gott geliebt"* ist und Gott eine Botschaft für ihn hat, zeigt: Zwischen Gott und ihm ist alles ok. Daniel kann sagen: „Meine Vergangenheit kümmert mich nicht mehr, sie gehört dem göttlichen Erbarmen."

Deshalb geht es jetzt um die Zukunft – damit Daniel auch den zweiten Satz aus dem Gedicht des Franz von Sales sagen kann: „Meine Zukunft kümmert mich noch nicht, sie gehört der göttlichen Vorsehung." Oder: „Meine Zukunft ängstigt mich nicht, sie liegt in Gottes Hand."

„Meine Zukunft ... gehört der göttlichen Vorsehung"

Vier Verse über die göttliche Vorsehung, sogar mit Zeitangaben. Von *„siebzig Wochen"* ist die Rede. Die werden dann noch mal aufgeteilt: in *„sieben Wochen"*, in *„zweiundsechzig Wochen"* und in *„eine Woche"*. Und die *„eine Woche"* besteht noch mal aus zwei Hälften.

Wir wollen jetzt nicht anfangen zu rechnen. „Biblische Mathematik" ist nicht so einfach. Fast alle „Mathematiker", die sich mit diesen Zahlen beschäftigt und eine Lösung vorgeschlagen haben, haben offen gesagt, an welchen Stellen die Rechnung nicht so ganz aufgeht.

Was aber hervorsticht, ist die Zahl 7. Die Woche besteht aus 7 Tagen. 7 Wochen sind 7 x 7 Tage. 70 Wochen sind 10 x 7 Wochen bzw. 10 x 7 x 7 Tage. Nur die 62 fällt etwas aus dem Rahmen. Sonst dreht sich alles um die 7.

Zufall? Ich glaube nicht. Warum nicht? Weil die Zahl 7 für den Sabbat steht. Das ist gerade hier offensichtlich. Schon bei den 70 Jahren, von denen Jeremia gesprochen hat.

Neben dem wöchentlichen Sabbat gibt es schließlich auch das Sabbatjahr. Jedes siebte Jahr ist ein Sabbatjahr. Während des Sabbatjahrs durfte auf dem Acker nichts angebaut werden – damit das Land Ruhe hat bzw. Sabbat feiert. *„Und der HERR sprach zu Mose auf dem Berge Sinai: Rede mit den Israeliten und sprich zu ihnen: Wenn ihr in das Land kommt, das ich euch geben werde, so soll das Land dem HERRN einen Sabbat feiern. Sechs Jahre sollst du dein Feld besäen und sechs Jahre deinen Weinberg beschneiden und die Früchte einsammeln, aber im siebenten Jahr soll das Land dem HERRN einen feierlichen Sabbat halten; da sollst du dein Feld nicht besäen noch deinen Weinberg beschneiden. Was von selber nach deiner Ernte wächst, sollst du nicht ernten, und die Trauben, die ohne deine Arbeit wachsen, sollst du nicht lesen; ein Sabbatjahr des Landes soll es sein.“* (3.Mos.25,1-5).

Und wenn man trotzdem am Sabbat Ackerbau betreibt? Dann, so heißt es im dritten Buch Mose, werdet ihr aus eurem Land vertrieben, damit das Land die Sabbatjahre nachholen kann: *„Alsdann wird das Land seine Sabbate nachholen, solange es wüst liegt und ihr in der Feinde Land seid; ja, dann wird das Land ruhen und seine Sabbate nachholen. Solange es wüst liegt, wird es ruhen, weil es nicht ruhen konnte an euren Sabbaten, während ihr darin wohntet.“* (3.Mos.26,34-35).

Und genau das hat Jeremia gemeint , erklärt uns der Schreiber der Chronikbücher: *„Da führte er [Gott] gegen sie heran den König der Chaldäer und ließ ihre junge Mannschaft mit dem Schwert erschlagen im Hause ihres Heiligtums und verschonte weder die Jünglinge noch die Jungfrauen, weder die Alten noch die Greise; alle gab er sie in seine Hand. Und alle Geräte im Hause Gottes, große und kleine, die Schätze im Hause des HERRN und die Schätze des Königs und seiner Oberen, alles ließ er nach Babel führen. Und sie verbrannten das Haus Gottes und rissen die Mauer Jerusalems ein, und alle ihre Burgtürme brannten sie mit Feuer aus, sodass alle ihre kostbaren Geräte zunichtewurden. Und er führte weg nach Babel alle, die dem Schwert entgangen waren, und sie wurden seine und seiner Söhne Knechte, bis das Königtum der Perser zur Herrschaft kam, dass erfüllt würde das Wort des HERRN durch den Mund Jeremias, bis das Land an seinen Sabbaten ge-*

nug hätte. Denn die ganze Zeit, da es wüst lag, hatte es Sabbat, bis siebzig Jahre voll wurden." (2.Chr.36,17-21). 70 Jahre – 10 Sabbatjahr-Perioden.

Neben den Sabbatjahren gibt es auch die Erlassjahre: *„Und du sollst zählen sieben Sabbatjahre, siebenmal sieben Jahre, dass die Zeit der sieben Sabbatjahre neunundvierzig Jahre mache."* (3.Mos.25,8). Das ist das Erlassjahr. Was soll da passieren? *„Und ihr … sollt eine Freilassung ausrufen im Lande für alle, die darin wohnen; es soll ein Erlassjahr für euch sein. Da soll ein jeder bei euch wieder zu seinem Besitz und zu seiner Sippe kommen."* (3.Mos.25,10). Und genau darum geht es ja: wieder zum Besitz und zur Sippe zu kommen. Die 490 Jahre sind also nichts anderes als 10 Erlassjahr-Perioden.

Bei den 490 Jahren, von denen Daniel spricht, geht es um den Sabbat, um Sabbat-Perioden. „Die Geschichte wird nach Sabbaten gegliedert!", schreibt der evangelikale Theologe Gerhard Maier.[1] Das Ziel der Geschichte ist damit auch klar: die ursprüngliche Ordnung soll wieder hergestellt werden und die Schöpfung soll zur Ruhe kommen – zu einer ewigen Ruhe.

Deshalb geht es bei den Zahlen nicht um Mathematik. Wichtiger als die „mathematische" Bedeutung ist die symbolische, die qualitative, die inhaltliche Bedeutung dieser Zahlen. Die Geschichte wird nach Sabbaten gegliedert und ist auf Wiederherstellung und Ruhe ausgerichtet. Das ist die göttliche Vorsehung.

Im Zusammenhang mit den 70 Wochen, den 7 Wochen, den 62 Wochen und der einen Woche, die dann noch mal geteilt wird, taucht in den letzten vier Versen des Kapitels eine Vielzahl von Stichworten auf, die andeuten, was in den jeweiligen Sabbat-Perioden los ist. Weil es sich um Stichworte handelt, ist die Deutung nicht ganz einfach. Man kann aber alles kurz folgendermaßen zusammenfassen: Es geht erst mal aufwärts. Dann aber zieht eine schwere Krise herauf. Aber schließlich werden die gottfeindlichen Mächte vernichtet. Und so turbulent es auch zugeht – es läuft alles nach Gottes „Sabbat-Plan".

Im neunten Kapitel des Buches Daniel geht es um beides: das „göttliche Erbarmen" und die „göttliche Vorsehung".

---

[1] Gerhard Maier, Der Prophet Daniel, Wuppertal 1986, 341.

Die göttliche Vorsehung – eine Botschaft gegen die Angst

Von der „göttlichen Vorsehung" ist heutzutage nicht so oft die Rede. Dazu hat auch beigetragen, dass Adolf Hitler immer wieder von der „Vorsehung" gesprochen hat, die ihn auserwählt und bewahrt habe. Vor allem aber widerspricht das der Idee, dass Geschichte von Menschen gemacht wird – und von niemandem sonst.

Dass Gott der Schöpfer ist, diese Vorstellung ist – Evolutionstheorie hin oder her – viel leichter zu akzeptieren. Aber ohne die göttliche Vorsehung hieße das: Gott hat die Welt geschaffen und sie anschließend sich selbst überlassen. Eine seltsame Vorstellung, ein merkwürdiges Gottesbild.

Schöpfung ist nicht das gleiche wie Vorsehung. Die Schöpfung ist ein einmaliger Akt, die Vorsehung ein kontinuierliches Handeln. Aber Schöpfung und Vorsehung gehören zusammen. Der Gott, der Himmel und Erde geschaffen hat, kann diese Welt nicht im Stich lassen. Er wacht über seine Schöpfung. Er greift ein – nicht nur in außergewöhnlichen Notfällen. Er regiert.

Wie erkennen wir die Vorsehung Gottes, die göttliche Weltregierung? Nicht mit unserem Verstand und auch nicht durch Beobachtung. Nicht indem wir auf die Geschichte der Menschheit schauen und daraus irgendwelche Gesetzmäßigkeiten für das Handeln Gottes abzuleiten versuchen. Die Vorsehung Gottes erkennen wir allein durch Gottes Wort. Genauer: durch das prophetische Wort.

Gott hat die Propheten erleuchtet und ihnen ganz konkrete Botschaften darüber anvertraut, wie und wo Gott handelt und was Menschen deshalb zu tun und zu lassen haben – damit sie diese Botschaften weitergeben. Gerichtsbotschaften, wo immer sie nötig sind, aber vor allem gute Nachrichten darüber, dass er Menschen rettet und heilt. Keine abstrakten Aussagen über die Weltherrschaft Gottes, sondern lebendige Worte Gottes.

Und was ist das Ziel der göttlichen Vorsehung? Gott selbst ist das Ziel! Gott richtet die ganze Schöpfung auf sich selbst aus, weil sie nur so zur Vollendung kommt.

„Der erwählte Gläubige, der in aller Ruhe in der Vorhersehung Gottes lebt, fürchtet nichts und niemanden, denn er weiß, dass nichts den allmächtigen Herrn daran hindern wird, die Geschichte zu ihrem Abschluss, das heißt zur endgültigen Wiederherstellung zu bringen, und sie ins ewige Reich seines Sohnes zu führen." (Johannes Calvin)

> Meine Vergangenheit kümmert mich nicht mehr,
> sie gehört dem göttlichen Erbarmen.

> Meine Zukunft kümmert mich noch nicht,
> sie gehört der göttlichen Vorsehung.

> Was mich kümmert und fordert, ist das Heute.
> Das aber gehört der Gnade Gottes
> und der Hingabe meines guten Willens.

Daniel weiß: Seine Vergangenheit und die Vergangenheit seines Volkes gehört dem göttlichen Erbarmen. Und die Zukunft seines Volkes gehört der göttlichen Vorsehung. Damit ist der Weg frei, sich voll und ganz und mit Hingabe der Gegenwart zuzuwenden.

10   Die Welt verstehen (Daniel 10-12)

(10,1) Im dritten Jahr des Königs Kyrus von Persien wurde dem Daniel, der Beltschazar heißt, etwas offenbart, was gewiss ist und von großer Not handelt. Und er achtete darauf und verstand das Gesicht. (10,2) Zu der Zeit trauerte ich, Daniel, drei Wochen lang. (10,3) Ich aß keine leckere Speise; Fleisch und Wein kamen nicht in meinen Mund; und ich salbte mich auch nicht, bis die drei Wochen um waren. (10,4) Und am vierundzwanzigsten Tage des ersten Monats war ich an dem großen Strom Tigris (10,5) und hob meine Augen auf und sah, und siehe, da stand ein Mann, der hatte leinene Kleider an und einen goldenen Gürtel um seine Lenden. (10,6) Sein Leib war wie ein Topas, sein Antlitz sah aus wie ein Blitz, seine Augen wie feurige Fackeln, seine Arme und Füße wie helle, blanke Bronze, und seine Rede war wie ein großes Brausen. (10,7) Aber ich, Daniel, sah dies Gesicht allein, und die Männer, die bei mir waren, sahen's nicht; doch fiel ein großer Schrecken auf sie, sodass sie flohen und sich verkrochen. (10,8) Ich blieb allein und sah dies große Gesicht. Es blieb aber keine Kraft in mir; jede Farbe wich aus meinem Antlitz und ich hatte keine Kraft mehr. (10,9) Und ich hörte seine Rede; und während ich sie hörte, sank ich ohnmächtig auf mein Angesicht zur Erde. (10,10) Und siehe, eine Hand rührte mich an und half mir auf die Knie und auf die Hände, (10,11) und er sprach zu mir: Daniel, du von Gott Geliebter, merk auf die Worte, die ich mit dir rede, und richte dich auf; denn ich bin jetzt zu dir gesandt. Und als er dies mit mir redete, richtete ich mich zitternd auf. (10,12) Und er sprach zu mir: Fürchte dich nicht, Daniel; denn von dem ersten Tage an, als du von Herzen begehrtest zu verstehen und anfingst, dich zu demütigen vor deinem Gott, wurden deine Worte erhört, und ich wollte kommen um deiner Worte willen. (10,13) Aber der Engelfürst des Königreichs Persien hat mir einundzwanzig Tage widerstanden; und siehe, Michael, einer der Ersten unter den Engelfürsten, kam mir zu Hilfe, und ihm überließ ich den Kampf mit dem Engelfürsten des Königreichs Persien. (10,14) Nun aber komme ich, um dir Bericht zu geben, wie es deinem Volk gehen wird am Ende der Tage; denn das Gesicht gilt erst ferner Zeit. (10,15) Und als er das alles mit mir redete, neigte ich mein Angesicht zur Erde und schwieg still. (10,16) Und siehe, einer, der einem Menschen gleich war, rührte meine Lippen an. Da tat ich meinen Mund auf und redete und sprach zu dem, der vor mir stand: Mein Herr, meine Glieder bebten, als ich das Gesicht hatte, und es war keine Kraft mehr in mir. (10,17) Wie kann der Knecht meines Herrn mit meinem Herrn reden, da auch jetzt noch keine Kraft in mir ist und mir der Atem fehlt? (10,18) Da rührte mich

abermals der an, der aussah wie ein Mensch, und stärkte mich (10,19) und sprach: Fürchte dich nicht, du von Gott Geliebter! Friede sei mit dir! Sei getrost, sei getrost! Und als er mit mir redete, sah ich mich gestärkt und sprach: Mein Herr, rede; denn du hast mich gestärkt. (10,20) Und er sprach: Weißt du, warum ich zu dir gekommen bin? Und jetzt muss ich wieder hin und mit dem Engelfürsten von Persien kämpfen; und wenn ich das hinter mich gebracht habe, siehe, dann wird der Engelfürst von Griechenland kommen. (10,21) Doch zuvor will ich dir kundtun, was geschrieben ist im Buch der Wahrheit. Und es ist keiner, der mir hilft gegen jene, außer eurem Engelfürsten Michael.

(11,1) Und ich stand bei ihm im ersten Jahr des Darius des Meders, um ihm zu helfen und ihn zu stärken. (11,2) Und nun will ich dir kundtun, was gewiss geschehen soll. Siehe, es werden noch drei Könige in Persien aufstehen, der vierte aber wird größeren Reichtum haben als alle andern. Und wenn er in seinem Reichtum am mächtigsten ist, wird er alles gegen das Königreich Griechenland aufbieten. (11,3) Danach wird ein mächtiger König aufstehen und mit großer Macht herrschen, und was er will, wird er ausrichten. (11,4) Aber wenn er emporgekommen ist, wird sein Reich zerbrechen und in die vier Winde des Himmels zerteilt werden, nicht auf seine Nachkommen, auch nicht mit solcher Macht, wie er sie hatte; denn sein Reich wird zerstört und Fremden zuteilwerden. (11,5) Und der König des Südens wird erstarken; aber gegen ihn wird einer seiner Fürsten noch stärker werden und herrschen; dessen Herrschaft wird groß sein. (11,6) Nach einigen Jahren aber werden sie sich miteinander befreunden. Und die Tochter des Königs des Südens wird kommen zum König des Nordens, um ihr Bündnis zu festigen. Aber sie wird keinen Erfolg haben, und auch sein Nachkomme wird nicht bleiben. Und sie wird preisgegeben werden samt ihrem Gefolge, ihrem Kind und dem, der sie eine Zeit lang mächtig gemacht hat. (11,7) Es wird aber statt seiner ein Spross aus ihrem Stamm emporkommen; der wird gegen die Heeresmacht des Königs des Nordens ziehen und in seine Festung eindringen und wird an ihnen seine Macht zeigen. (11,8) Auch wird er ihre Götter samt den Bildern und den kostbaren Geräten aus Silber und Gold wegführen nach Ägypten und einige Jahre von dem König des Nordens ablassen. (11,9) Aber der wird eindringen in das Reich des Königs des Südens, jedoch dann wieder in sein Land zurückkehren. (11,10) Aber seine Söhne werden sich rüsten und große Heere zusammenbringen; und der eine wird kommen und wie eine Flut heranbrausen. Dann wird er wiederum rüsten zum Kampf gegen seine Festung. (11,11) Dann wird der König des Südens ergrimmen und ausziehen und mit dem König des Nordens kämpfen. Der wird ein großes Heer zusammenbringen, aber das Heer wird in die Hand des andern gegeben (11,12) und vernichtet werden.

Daraufhin wird sich sein Herz überheben, und er wird viele Tausende erschlagen; aber er wird nicht mächtig bleiben. (11,13) Denn der König des Nordens wird wiederum ein Heer zusammenbringen, größer als das vorige war; und nach einigen Jahren wird er ausziehen mit großer Heeresmacht und vielem Tross. (11,14) Und zur selben Zeit werden viele aufstehen gegen den König des Südens. Auch werden sich Gewalttätige aus deinem Volk erheben und so eine Weissagung erfüllen, aber sie werden fallen. (11,15) Und der König des Nordens wird kommen und einen Wall aufschütten und eine feste Stadt einnehmen. Und die Heere des Südens können's nicht verhindern, auch sein bestes Kriegsvolk nicht, und keiner kann widerstehen; (11,16) sondern der gegen ihn zieht, wird tun, was ihm gut dünkt, und niemand wird ihm widerstehen können. Er wird auch in das herrliche Land kommen, und Verderben ist in seiner Hand. (11,17) Und er wird seinen Sinn darauf richten, dass er mit Macht sein ganzes Königreich bekomme. Und er wird sich mit ihm vertragen und ihm eine Frau geben, um ihn zu verderben. Aber es wird nicht gelingen, und es wird nichts daraus werden. (11,18) Danach wird er sich gegen die Inseln wenden und viele von ihnen gewinnen. Aber ein Mächtiger wird ihn zwingen, mit Schmähen aufzuhören, und wird ihm seine Schmähungen heimzahlen. (11,19) Danach wird er sich wenden gegen die Festungen seines eigenen Landes; er wird straucheln und fallen, dass man ihn nirgends finden wird. (11,20) Und an seiner statt wird einer emporkommen, der wird einen Steuereinnehmer das herrliche Land durchziehen lassen; doch nach einigen Jahren wird er umgebracht werden, aber weder öffentlich noch im Kampf. (11,21) Dann wird an seiner statt emporkommen ein verächtlicher Mensch, dem die Ehre des Thrones nicht zugedacht war. Der wird unerwartet kommen und sich durch Ränke die Herrschaft erschleichen. (11,22) Und heranflutende Heere werden vor ihm hinweggeschwemmt und vernichtet werden, dazu auch der Fürst des Bundes. (11,23) Denn nachdem er sich mit ihm angefreundet hat, wird er listig handeln und heraufziehen und mit wenigen Leuten Macht gewinnen. (11,24) Und unerwartet wird er in die besten Städte des Landes kommen und wird tun, was weder seine Väter noch seine Vorväter getan haben, und Raub, Beute und Güter an seine Leute verteilen; er wird nach den allerfestesten Städten trachten, aber nur für eine befristete Zeit. (11,25) Und er wird seine Macht und seinen Mut gegen den König des Südens aufbieten mit einem großen Heer. Dann wird der König des Südens sich aufmachen zum Kampf mit einem großen, mächtigen Heer, aber er wird nicht bestehen; denn es werden Pläne gegen ihn geschmiedet. (11,26) Und die seine Speise essen, die werden mit ihm brechen, sein Heer wird sich auflösen und viele werden erschlagen. (11,27) Und beide Könige werden darauf bedacht sein, wie sie einander schaden können, und sie werden an einem Tisch verlogen miteinander reden. Es wird ihnen aber nicht gelingen, denn das Ende ist noch auf eine andere Zeit bestimmt. (11,28) Danach wird er wieder heimziehen mit großer Beute und dabei seinen Sinn richten gegen den heiligen Bund; er wird es ausführen und in sein Land zurückkehren. (11,29) Und nach einer bestimmten Zeit wird er wieder nach Süden ziehen; aber es wird beim zweiten Mal nicht so sein wie beim ersten Mal. (11,30) Denn es werden Schiffe aus Kittim gegen ihn kommen, sodass er verzagen wird und umkehren muss. Dann wird er gegen den heiligen Bund ergrimmen und danach handeln und sich denen zuwenden, die den heiligen Bund verlassen. (11,31) Und seine Heere werden kommen und Heiligtum und Burg entweihen und das tägliche Opfer abschaffen und das Gräuelbild der Verwüstung aufstellen. (11,32) Und er wird mit Ränken alle zum Abfall bringen, die den Bund übertreten. Aber die vom Volk, die ihren Gott kennen, werden stark sein und danach handeln. (11,33) Und die Verständigen im Volk werden vielen zur Einsicht verhelfen; darüber werden sie verfolgt werden mit Schwert, Feuer, Gefängnis und Raub eine Zeit lang. (11,34) Während sie verfolgt werden, wird ihnen eine kleine Hilfe zuteilwerden; aber viele werden sich nicht aufrichtig zu ihnen halten. (11,35) Und einige von den Verständigen werden fallen, damit sie bewährt, rein und lauter werden für die Zeit des Endes; denn es dauert noch bis zur bestimmten Zeit. (11,36) Und der König wird tun, was er will, und wird sich überheben und großtun gegen jeden Gott. Und gegen den Gott aller Götter wird er Ungeheuerliches reden, und es wird ihm gelingen, bis der Zorn vollendet ist; denn es muss geschehen, was beschlossen ist. (11,37) Auch die Götter seiner Väter wird er nicht achten; er wird weder den Lieblingsgott der Frauen noch einen andern Gott achten; denn er wird sich über alles erheben. (11,38) Dagegen wird er den Gott der Festungen verehren; einen Gott, von dem seine Väter nichts gewusst haben, wird er ehren mit Gold, Silber, Edelsteinen und Kostbarkeiten. (11,39) Und er wird mit einem fremden Gott gegen die starken Festungen vorgehen. Denen, die ihn erwählen, wird er große Ehre antun und sie zu Herren machen über viele und ihnen Land zum Lohn austeilen. (11,40) Zur Zeit des Endes aber wird sich der König des Südens mit ihm messen, und der König des Nordens wird mit Wagen, Reitern und vielen Schiffen gegen ihn anstürmen und wird in die Länder einfallen und sie überschwemmen und überfluten. (11,41) Und er wird in das herrliche Land einfallen und viele werden umkommen. Es werden aber seiner Hand entrinnen Edom, Moab und die Hauptleute der Ammoniter. (11,42) Und er wird seine Hand ausstrecken nach den Ländern und Ägypten wird ihm nicht entrinnen, (11,43) sondern er wird Herr werden über die goldenen und silbernen Schätze und über alle Kostbarkeiten Ägyptens; Libyer und Kuschiter werden ihm folgen müssen. (11,44) Es werden ihn aber Gerüchte erschrecken aus Osten und Norden, und er wird mit großem Grimm ausziehen, um viele zu vertilgen und zu verderben. (11,45) Und er wird seine prächtigen Zelte aufschlagen zwischen dem Meer und dem herrlichen, heiligen Berg; aber es wird mit ihm ein Ende nehmen und niemand wird ihm helfen.

(12,1) Zu jener Zeit wird Michael auftreten, der große Engelfürst, der für dein Volk einsteht. Denn es wird eine Zeit so großer Trübsal sein, wie sie nie gewesen ist, seitdem es Völker gibt, bis zu jener Zeit. Aber zu jener Zeit wird dein Volk errettet werden, alle, die im Buch geschrieben stehen. (12,2) Und viele, die im Staub der Erde schlafen, werden aufwachen, die einen zum ewigen Leben, die andern zu ewiger Schmach und Schande. (12,3) Und die Verständigen werden leuchten wie des Himmels Glanz, und die viele zur Gerechtigkeit weisen, wie die Sterne immer und ewiglich. (12,4) Und du, Daniel, verbirg diese Worte und versiegle dies Buch bis auf die letzte Zeit. Viele werden herumirren, und die Bosheit wird men. (12,5) Und ich, Daniel, sah, und siehe, es standen zwei andere da, einer an diesem Ufer des Stroms, der andere an jenem Ufer. (12,6) Und er sprach zu dem Mann in leinenen Kleidern, der über den Wassern des Stroms stand: Wann kommt das Ende dieser großen Wunder? (12,7) Und ich hörte den Mann in leinenen Kleidern, der über den Wassern des Stroms stand. Er hob seine rechte und linke Hand auf gen Himmel und schwor bei dem, der ewiglich lebt, dass es eine Zeit und zwei Zeiten und eine halbe Zeit währen soll; und wenn der ein Ende hat, der die Macht des heiligen Volks zerschlägt, soll dies alles geschehen. (12,8) Und ich hörte es, aber ich verstand's nicht und sprach: Mein Herr, was wird das Letzte davon sein? (12,9) Er aber sprach: Geh hin, Daniel; denn es ist verborgen und versiegelt bis auf die letzte Zeit. (12,10) Viele werden gereinigt, geläutert und geprüft werden, aber die Gottlosen werden gottlos handeln; alle Gottlosen werden's nicht verstehen, aber die Verständigen werden's verstehen. (12,11) Und von der Zeit an, da das tägliche Opfer abgeschafft und das Gräuelbild der Verwüstung aufgestellt wird, sind 1290 Tage. (12,12) Wohl dem, der da wartet und erreicht 1335 Tage! (12,13) Du aber, Daniel, geh dem Ende entgegen, und ruhe, bis du aufstehst zu deinem Erbteil am Ende der Tage!

Im September 1918, also vor fast genau 100 Jahren, erscheint der erste Band einer Kulturphilosophie. Autor ist der Philosoph Oswald Spengler. Der Titel seines Buches: Der Untergang des Abendlandes.

Ein passender Erscheinungstermin. Die Urkatastrophe des 20. Jahrhunderts, der erste Weltkrieg, nähert sich seinem Ende und in Deutschland herrscht Untergangsstimmung. Der Buchtitel wird zum geflügelten Wort und das dicke und kompliziert geschriebene Buch zum Bestseller. Das war so gar nicht beabsichtigt. Auch für den Buchtitel hatte Spengler sich bereits 1912 entschieden – zwei Jahre vor Beginn des ersten Weltkriegs.

Spengler untersucht acht Kulturen der Menschheit: das alte Ägypten, Babylonien, Indien, China, die Antike, Arabien, die Azteken – und das Abendland. Er beschreibt ihre Besonderheiten und ihre „Lebensphasen": Frühzeit, Reifung, Alterung und unaufhaltsamen Verfall. Daher der Titel: Der Untergang des Abendlandes.

Das Buch findet nicht nur Fürsprecher. Es wird auch massive Kritik laut – vor allem an seinem Pessimismus. Oswald Spengler wehrt sich dagegen – und formuliert 1922 in seinem Vorwort zur 33. Auflage einen Satz, der auch für das Buch Daniel gilt: „Die Welt verstehen nenne ich der Welt gewachsen sein."[1]

Irrungen und Wirrungen der Geschichte

Die letzten drei Kapitel des Buches Daniel sind noch mal eine besondere Herausforderung. Sie gehören zusammen. Kapitel 10 ist eine Art Einleitung, Kapitel 11 der Hauptteil und Kapitel 12 der Höhepunkt bzw. das Finale.

Der Hauptteil ist am längsten. Die Lektüre dieser 44 Verse verlangt einiges von uns. Sie sind zwar nicht in symbolischer Sprache verfasst, sondern unverschlüsselt. Aber ohne Geschichtskenntnis kommen wir da nicht weit.

Am Anfang ist noch alles klar. Da geht es um Könige der Perser, den Aufstieg Alexanders des Großen und den Zerfall seines Großreiches. Dann wird es schwieriger. Es geht um Auseinandersetzungen zwischen dem „König des Südens" und dem „König des Nordens" – um zwei Nachfolgereiche des griechischen Weltreichs.

---

[1] Oswald Spengler, Der Untergang des Abendlandes, München 1950, IX.

Der „*König des Südens*", so viel ist klar, ist der König von Ägypten, der „*König des Nordens*" der König von Syrien. Zwischen diesen beiden Herrscherhäusern geht es hin und her. Mal haben die Ägypter die Oberhand, mal die Syrer. Bündnisversuche durch Heiratspolitik scheitern – wie es schon im zweiten Kapitel des Buches Daniel heißt: „*Sie werden sich zwar durch Heiraten miteinander vermischen, aber sie werden doch nicht aneinander festhalten ...*" (Dan.2,43).

Dummerweise befindet sich Israel exakt in der Mitte zwischen den beiden Streithähnen. Das hat immer wieder fatale Folgen. Besonders dramatisch wird es, als der „*König des Nordens*" nicht nur politisch das Sagen haben will, sondern auch kulturell und religiös. Er will alles. Er will die totale Macht. Er will auch eine Reichs-Einheitskultur und eine Reichs-Einheitsreligion – und zwar notfalls mit Gewalt. Opfer werden abgeschafft und durch Götzendienst ersetzt. Der Tempel wird entweiht. Gott wird gelästert.

Ein großer Teil des Volkes macht mit. Aber nicht alle. Das hat Konsequenzen für sie. Viele verlieren um ihres Glaubens willen ihr Leben.

Schließlich unternimmt der „*König des Nordens*" einen letzten gigantischen Feldzug gegen den „*König des Südens*". Er „*wird in die Länder einfallen und sie überschwemmen und überfluten. Und er wird in das herrliche Land einfallen und viele werden umkommen.*" Der Untergang ist nahe. Aber plötzlich, wie durch ein Wunder, zieht er ab und kommt ums Leben.

Hinter den Kulissen

Hat Gottes Volk noch mal Glück gehabt? Nein! Jedenfalls ist das nicht einfach ein glücklicher Zufall. Das zeigt Kapitel 10.

Daniel trauert – drei Wochen lang. Vielleicht handelt es sich um eine Depression. Warum? Weil er die Welt nicht mehr versteht.

Als er an einem Fluss sitzt und seinen Gedanken und Gefühlen freien Lauf lässt, sieht er plötzlich einen „*Mann*" – nicht irgendeinen, sondern einen Mann in weißen Kleidern und einem „*goldenen Gürtel*" um den Bauch. Seine körperliche Erscheinung gleicht einem Edelstein, sein Gesicht einem

„Blitz", seine Augen sind wie „feurige Fackeln", „seine Arme und Füße wie helle, blanke Bronze". „Seine Rede" ist „wie ein großes Brausen". Ein Engel – vermutlich wieder der Engel Gabriel, dem er bereits bei den letzten beiden Visionen begegnet ist.

Daniel ist wie gelähmt und fällt zu Boden. Aber der Engel richtet ihn auf. Er erklärt ihm, dass er eigentlich bereits früher kommen wollte. Er wollte sofort kommen, als es Daniel darum ging, „zu verstehen", was eigentlich los ist in dieser Welt und wohin sie sich entwickelt. Aber er wurde drei Wochen lang aufgehalten: „Und er sprach zu mir: Fürchte dich nicht, Daniel; von dem ersten Tage an, als du von Herzen begehrtest zu verstehen und anfingst, dich zu demütigen vor deinem Gott, wurden deine Worte erhört, und ich wollte kommen um deiner Worte willen. Aber der Engelfürst des Königreichs Persien hat mir einundzwanzig Tage widerstanden ..."

Glücklicherweise konnte dieser Widerstand gebrochen werden. Gabriel hat von Michael Unterstützung bekommen: „... und siehe, Michael, einer der Ersten unter den Engelfürsten, kam mir zu Hilfe, und ihm überließ ich den Kampf mit dem Engelfürsten des Königreichs Persien."

Warum hat „der Engelfürst des Königreichs Persien" ihm „einundzwanzig Tage widerstanden"? Vermutlich doch deshalb, damit er Daniel nicht mitteilen kann, was er wissen muss.

Aber: Was länger dauert, als gedacht, wird doch gut: „Nun aber komme ich, um dir Bericht zu geben, wie es deinem Volk gehen wird am Ende der Tage." Das tut er dann auch – Daniel fasst es später in Kapitel 11 zusammen.

Und dann muss Gabriel wieder weiter. Er erklärt Daniel: „Und jetzt muss ich wieder hin und mit dem Engelfürsten von Persien kämpfen; und wenn ich das hinter mich gebracht habe, siehe, dann wird der Engelfürst von Griechenland kommen." Wieder wird er dabei allein von Michael, dem Engelfürsten von Israel, unterstützt: „Und es ist keiner, der mir hilft gegen jene, außer eurem Engelfürsten Michael."

Es klingt schon seltsam in unseren Ohren, wenn von Engeln die Rede ist, die gegeneinander kämpfen. Noch merkwürdiger ist vielleicht die Vorstellung, dass sie für bestimmte Völker stehen, z.B. für Persien, Griechenland und Israel und die irdischen Geschicke der Völker irgendwie von einem

„Kampf im Himmel" abhängen. Aber für's erste reicht es, wenn wir diesen Visionsbericht so verstehen, dass die Menschheitsgeschichte nicht dem blinden Zufall überlassen ist, dass hinter den Kulissen in der himmlischen Welt die Strippen gezogen werden und dass dort nicht nur finstere, sondern auch gute Mächte am Werk sind, dass Gottes Engel sich durchsetzen und Gott alles zum Ziel führt.

Gott führt alles zum Ziel

Dass Gott alles zum Ziel führt, darum geht in Kapitel 12: *„Zu jener Zeit"* – wenn sich der Kampf zwischen dem König des Nordens und dem König des Südens zuspitzt und Gottes Volk droht, unter die Räder zu kommen – *„wird Michael auftreten, der große Engelfürst, der für dein Volk einsteht. Denn es wird eine Zeit so großer Trübsal sein, wie sie nie gewesen ist, seitdem es Völker gibt, bis zu jener Zeit. Aber zu jener Zeit wird dein Volk errettet werden, alle, die im Buch geschrieben stehen. Und viele, die im Staub der Erde schlafen, werden aufwachen, die einen zum ewigen Leben, die andern zu ewiger Schmach und Schande."*

Wenn Michael, der Völkerengel Israels, für sein Volk eintritt, wird alles gut. Dann geht selbst die größte Trübsal aller Zeiten zu Ende. Dann wird Gottes Volk *„errettet"*.

Die Toten werden auferstehen. Die Auferstehung von den Toten ist aber noch nicht der Beginn des ewigen Lebens – jedenfalls nicht für alle. Die einen werden *„zum ewigen Leben"* auferstehen, *„die andern zu ewiger Schmach und Schande"*. Hier wird vermutlich stillschweigend vorausgesetzt, dass Gott Gericht hält. Gerettet werden alle, die *„im Buch geschrieben stehen"* – im „Buch des Lebens", dem Verzeichnis der Menschen, die zu Gott gehören.

Die Botschaft von der Auferstehung der Toten und dem ewigen Leben ist nicht nur etwas für „normale Zeiten". Natürlich ist sie das auch. Die Botschaft von der Auferstehung der Toten und dem ewigen Leben ist aber vor allem etwas für Krisenzeiten. Denn in Krisenzeiten, wenn es denen, die *„nach dem Reich Gottes und nach seiner Gerechtigkeit"* trachten (Mt.6,33), an den Kragen geht und sie ihr Leben riskieren müssen oder es sogar verlieren, kommt alles darauf an zu wissen, dass der Mörder am Ende *„nicht über das unschuldige Opfer triumphieren"* wird, um es mit den Worten des Frankfurter Philosophen Max Horkheimer zu sagen.[1] Dann ist es wichtig zu wissen, dass *„alles wiederhergestellt wird"* (Apg.3,21), dass niemand verloren geht, der zu Gott gehört – selbst wenn er im Einsatz für Gott und sein Reich sein Leben verliert.

Wann ist es so weit? Wann kommt die Rettung? Das *„ist verborgen"*. Erst wenn es so weit ist, wird es klarer – nicht vorab. Für alle, die diese letzte Zeit nicht miterleben, gilt die gute Botschaft, mit der der Engel seine Unterweisung Daniels abschießt: *„Du aber, Daniel, geh dem Ende entgegen, und ruhe, bis du aufstehst zu deinem Erbteil am Ende der Tage!"*

Die Welt verstehen – und ihr gewachsen sein

Und was hat das nun mit Oswald Spengler zu tun und mit seinem Satz: „Die Welt verstehen nenne ich der Welt gewachsen sein"? Sehr viel!

Am Anfang seines Berichts schreibt Daniel von seiner Trauer. Er ist depressiv, weil er die Welt nicht versteht. Der Engel weiß das – und erklärt, als er sich durch Michaels Hilfe endlich Daniel zuwenden kann: *„Fürchte dich nicht, Daniel; denn von dem ersten Tage an, als du von Herzen begehrtest zu verstehen und anfingst, dich zu demütigen vor deinem Gott, wurden deine Worte erhört ..."* Daniel will die Welt verstehen.

Wenn der *„König des Nordens"* seine Reichs-Einheitskultur und Reichs-Einheitsreligion schafft und alle anderen Überzeugungen gewaltsam unterdrückt, haben die *„Verständigen im Volk"* eine besondere Aufgabe: *„Und die Verständigen im Volk werden vielen zur Einsicht verhelfen ..."*

Dafür werden sie am Ende von Gott belohnt: *„Und viele, die im Staub der Erde schlafen, werden aufwachen, die einen zum ewigen Leben, die andern zu ewiger Schmach und Schande. Und die Verständigen werden leuchten wie des Himmels Glanz, und die viele zur Gerechtigkeit weisen, wie die Sterne immer und ewiglich."*

Wer sind die *„Verständigen"*? Unklar ist, ob es sich um einen besonderen Berufsstand handelt – um Vorgänger der uns aus dem Neuen Testament bekannten „Schriftgelehrten". Fest steht, dass sie über die Fähigkeit verfü-

---

[1] Max Horkheimer, Die Sehnsucht nach dem ganz Anderen, Hamburg 1970. 62.

gen, dem Volk Orientierung zu geben, ihm zur „*Einsicht*" zu verhelfen, sie „*zur Gerechtigkeit*" zu „weisen".

In ihren Unterweisungen geht es nicht so sehr darum, was demnächst auf sie zukommt. Sie zeigen, was eigentlich los ist und worauf es heute ankommt.

„Die Welt verstehen …". Aber nicht als distanzierte Betrachter des Weltgeschehens. Nicht in der Haltung, als ginge es uns nichts an. Kein weises Lächeln des Philosophen vom Elfenbeinturm aus. Und auch keine griesgrämige Weltverachtung eines Frommen, der meint, über den Dingen zu stehen. Die Welt verstehen, um der Welt gewachsen zu sein, um zu wissen, was zu tun ist. Oder in den Worten des Buches Daniel: „*Einsicht*" „*zur Gerechtigkeit*".

Im Mittelpunkt ihrer Unterweisungen steht die Frage, wie sich Gottes Volk verhalten soll, wenn die Mächtigen maßlos werden und nach absoluter Macht streben, wenn sie dabei im wahrsten Sinne des Wortes „über Leichen" gehen, wenn sie alle, die sich nicht gleichschalten lassen bedrängen, wenn sie die Gläubigen um ihres Glaubens willen verfolgen.

Orientierung ist immer nötig – aber in Krisenzeiten mehr als sonst. Dann kommt es entscheidend darauf an zu wissen, was los ist und was zu tun ist. Dann sind „*die Verständigen*" besonders wichtig.

Und es zeigt sich, ob „*die Verständigen*" wirklich so „verständig" sind. Es ist etwas anderes, ob man sich in ganz normalen Zeiten über „Gott und die Welt" Gedanken macht und über Ethik philosophiert – oder ob man das in Zeiten tun muss, wo viel oder gar alles auf dem Spiel steht. Zeiten, in denen das, was man denkt, sagt und tut nicht einfach vom Recht auf freie Meinungsäußerung gedeckt ist, sondern genau registriert wird und schwerwiegende Konsequenzen haben kann. Zeiten, in denen das, was man andere Menschen lehrt, auch sie in Schwierigkeiten bringen kann, wenn sie sich daran halten.

Krisenzeiten sind der Lackmustest für alle Theologen und Philosophen. Dann zeigt sich, ob sie etwas zu sagen haben und ob das, was sie sagen, wirklich etwas taugt.

Das gilt übrigens auch für die Krisen, die uns ganz persönlich betreffen. Dann zeigt sich, ob das stimmt, was wir über Gott und die Welt denken und was uns andere darüber erzählt haben. Passt das zu dem, was wir gerade durchmachen? Oder zerplatzt da gerade eine fromme Illusion, z.B. weil man entdeckt, dass der Glaube keine Garantie für ein Leben auf der Sonnenseite des Lebens ist?

Dietrich Bonhoeffer ist für mich das beste Beispiel für einen Theologen, der diesen Lackmustest bestanden hat. Die meisten seiner Schriften hat er während der Nazi-Zeit verfasst – als jemand, der von vornherein wusste, worum es geht.

Am 1. Februar 1933, zwei Tage, nachdem Adolf Hitler zum Reichskanzler ernannt worden ist, hält Bonhoeffer eine Rundfunkansprache zum Thema „Der Führer und der einzelne in der jungen Generation". Darin erklärt er: „Der Mensch und insbesondere der Jugendliche wird solange das Bedürfnis haben, einem Führer Autorität über sich zu geben, als er sich selbst nicht reif, stark, verantwortlich genug fühlt, den in diese Autorität verlegten Anspruch selbst zu verwirklichen. Der Führer wird sich dieser klaren Begrenzung seiner Autorität verantwortlich bewusst sein müssen. Versteht er seine Funktion anders …, dann gleitet das Bild des Führers hinüber in das des Verführers."[1] Noch bevor Bonhoeffer seinen Vortrag zu Ende bringen kann, schaltet die Sendeleitung ab. Zufall? Wohl eher ein Zeichen.

Später leitet Bonhoeffer ein Predigerseminar der „Bekennenden Kirche", hält Vorträge, schreibt Bücher – immer vor dem Hintergrund der Herausforderungen seiner Zeit und um anderen zur *„Einsicht"* zu verhelfen, sie *„zur Gerechtigkeit"* zu *„weisen"*. Er schreibt über „Nachfolge" – auch über Leidensnachfolge – und ist diesen Weg selbst gegangen. Er arbeitet an einer Ethik. Er denkt neu darüber nach, was man bisher über das Verhältnis von Kirche und Staat gedacht hat. Oder darüber, was es heißt, die Wahrheit zu sagen, wenn derjenige, der diese Frage stellt, im Unrecht ist – vielleicht, weil er ahnte, dass er einmal im Gefängnis der Gestapo sitzen und dort verhört werden könnte.

---

[1] Eberhard Bethge/Renate Bethge/Christian Gremmels, Dietrich Bonhoeffer: Bilder aus seinem Leben, München 1986, 102.

„Die Welt verstehen nenne ich der Welt gewachsen sein.". Ich bezweifle, dass jemand, der über den unabwendbaren „Untergang des Abendlandes" philosophiert, wirklich der Welt gewachsen ist. Die Welt von Gott her zu verstehen, heißt, der Welt gewachsen zu sein. Wer weiß, dass die Welt nicht sinn- und ziellos vor sich hin taumelt, sondern trotz aller Krisen auf ihn zuläuft, der weiß auch, worauf es ankommt, was zu tun ist und warum es sich lohnt.

Angeregt durch die Lektüre des Buches „Memoiren aus dem Totenhaus" von Fjodor Michailowitsch Dostojewski hat sich Dietrich Bonhoeffer während seiner Haft mit der Behauptung auseinandergesetzt, „dass kein Mensch ohne Hoffnung leben könne, und dass Menschen, die wirklich alle Hoffnung verloren haben, oft wild und böse werden" und schrieb dazu:

„Gewiss ist auch die Bedeutung der Illusion für das Leben nicht zu unterschätzen; aber für den Christen kann es sich doch wohl nur darum handeln, begründete Hoffnung zu haben. Und wenn schon die Illusion im Leben des Menschen eine so große Macht hat, dass sie das Leben in Gang hält, wie groß ist dann erst die Macht, die eine absolut begründete Hoffnung für das Leben hat und wie unbesiegbar ist so ein Leben. ‚Christus unsere Hoffnung' – diese Formel des Paulus ist die Kraft unseres Leben."[1]

Um diese „absolut begründete Hoffnung" geht es auch im Buch Daniel. Wer die Botschaft dieses Buches verstanden und sich von ihr hat mitreißen lassen, ist dem Leben nicht nur „gewachsen". Dass Gott regiert und alles zum Ziel führt, ist „die Kraft unseres Lebens".

---

[1] Dietrich Bonhoeffer, Widerstand und Ergebung. Briefe und Aufzeichnungen aus der Haft, München 1985, 404f.

Zeitfracht Medien GmbH
Ferdinand-Jühlke-Straße 7
99095 Erfurt, Deutschland
produktsicherheit@kolibri360.de